Herausgegeben von **mixtipp** Antje Watermann

Rüdiger Busche

Low CARB

KOCHEN MIT DEM THERMOMIX®

LEMPERTZ

IMPRESSUM

Math. Lempertz GmbH
Hauptstraße 354
53639 Königswinter
Tel.: 02223 / 90 00 36
Fax: 02223 / 90 00 38
info@edition-lempertz.de
www.edition-lempertz.de

LIKE US ON facebook www.facebook.com/MIXtippRezepte

Titelbild: Fotolia

Lektorat: Alina Groß, Annemarie Thon

Layout/Satz: Ralph Handmann

Gesamtherstellung: Print Consult GmbH, München

Printed and bound in Slovenia

ISBN: 978-3-96058-103-1

Fotos:
© Fotolia.de: DeeMPhotography, Kaspars Grinvalds, Rido, Robert Kneschke, MNStudio, lameeks, yuliiaholovchenko, M.studio, almaje, renamarie, FomaA, kristina rütten, A_Lein, Kitty, wsf-f, kasinv, mimon, highwaystarz, Ekaterina Pokrovsky, Kzenon, Frank, full-frame, Westend61, MITO images, esben468635, gpointstudio, Sergiy Bykhunenko, skumer, Chepko Danil, George Dolgikh, nolonely

© Rüdiger Busche

© Tita Busche

© Patrick Sun; sunfoto@gmx.net

Vielen Dank für die Unterstützung bei diesem Buch an:
Patrick, Sven, Asyta, Haui, Emil und ganz besonders meiner Frau Tita für's Kosten, Kritisieren, Mitessen und die Geduld!

FSC www.fsc.org MIX Papier aus verantwortungsvollen Quellen FSC® C083411

INHALT

SUPPEN & SALATE

DRESSINGS, DIPS & SAUCEN

SÜSSES, KUCHEN & GEBÄCK

MIXT DU SCHON?

In diesem Buch stellt Rüdiger Busche eine Ernährungsmethode vor, mit der du schnell und effizient Kilos verlieren kannst, ohne zu Hungern oder dich in Verzicht zu üben. Bei welcher Diät stehen schon Köstlichkeiten wie Spinatgratin oder Buletten mit Champignonrahmsauce auf dem Speiseplan?

Die so genannte Low Carb-Ernährung liegt im Trend. Grundlegend für sie ist der weitgehende Verzicht auf kohlenhydratreiche Lebensmittel wie Kartoffeln, Reis, Getreide oder Nudeln. Stattdessen finden zuckerarme Gemüsesorten (z.B. Blumenkohl, gelbe Paprika und Zucchini), Fisch, Fleisch, Eier und verschiedene Milchprodukte ihren Weg in den Einkaufswagen. Wer jetzt denkt, er müsste auf leckere Gerichte und Süßigkeiten verzichten, der hat weit gefehlt!

Leckeres Gemüse, sogenanntes Superfood wie Chia-Samen und kreative Rezepturen machen den Umstieg auf Low Carb sehr leicht.

Der Autor Rüdiger Busche ernährt sich seit Jahren kohlenhydratarm und hat mit der Zeit viele gesunde Alternativen zu zuckerreichen Produkten entdeckt. Für das Team Mixtipp hat er eine bunte Auswahl seiner besten Low Carb Rezepte zusammengestellt. Darunter Brote, Pizza, Suppen, Burger, sowie Torten und andere Naschereien. Das Team MIXtipp war total begeistert, wie abwechslungsreich und lecker die Low Carb-Welt sein kann.

In der Einleitung kannst du noch viel mehr über die Definition und Bedeutung von Low Carb und über spezielle kohlenhydratarme Produkte erfahren.

Wenn du mit allen Zutaten ausgestattet bist, die du für deine Rezepte benötigst und natürlich auch dein Thermomix startbereit ist, dann kann's losgehen!

Im Namen des gesamten Team Mixtipp wünsche ich dir viel Spaß beim Entdecken der vielseitigen Low Carb Gerichte. Du wirst die Kohlenhydrate bestimmt nicht vermissen!

Herausgeberin, Edition Lempertz

Low Carb

Vor gut 15 Jahren schwappte der Trend der kohlenhydratarmen Ernährung von Amerika zu uns nach Deutschland. Die Idee jedoch ist schon viel älter.

Ende der 60er Jahre des letzten Jahrhunderts war die synthetische Herstellung von Insulin noch nicht möglich. Für Menschen mit Diabetes ein großes Problem, da ohne Insulin nur eine durchschnittliche Lebenserwartung von 30-40 Jahren realistisch war. Amerikanische Ärzte machten sich auf die Suche nach Möglichkeiten, diesen Patienten zu helfen.

Zucker, also Kohlenhydrate, die einen erheblichen Einfluss auf den Insulinspiegel haben, wurden in der Ernährung stark reduziert, um den Insulinspiegel in der Waage und möglichst niedrig zu halten. Diese Idee war so erfolgreich, dass diese Patienten viele Jahre länger leben konnten. Eine „Nebenwirkung", die dabei entdeckt wurde, war, dass diese Patienten abgenommen hatten und nun durch weniger Körperfett und somit erheblich weniger Belastung des Herz-Kreislauf-Systems viel gesünder wurden und lebten.

Low Carb, also eine stark zuckerreduzierte Ernährung, war geboren, da man verstanden hatte, dass Kohlenhydrate dick machen und nicht Fette, wie man lange Zeit angenommen hatte.
Unser Hungergefühl wird durch die Ausschüttung von Insulin geregelt. Führe ich also meinem Körper viel Zucker z.B. in Getränken, Backwaren oder Süßigkeiten zu, erhöht das den Insulinspiegel, der immer „Hunger" signalisiert, wenn der Insulinspiegel wieder abfällt und man fängt automatisch an, mehr zu essen als nötig. Diese nicht benötigen Kalorien werden dann als Fett-Reserven für „schlechte Zeiten" am Bauch, Kinn, Po und allen uns bekannten Stellen abgelagert. Dieser Effekt nennt sich Insulin-Hunger-Spirale.
Nehme ich nun zuckerarme – also kohlenhydratreduzierte Lebensmittel zu mir, schaltet mein Körper ganz schnell auf satt und man isst automatisch weniger, bleibt in Form oder nimmt bei stärkerer Reduktion von Zuckern sogar ab.

Kohlenhydrate

Es gibt unterschiedliche Arten von Kohlenhydraten. Es würde hier den Rahmen sprengen, ins Detail zu gehen, aber ganz einfach gesagt, alle Lebensmittel, die nicht aufbereitet sind, sind grundsätzlich besser für die Ernährung.
Ein Beispiel möchte ich hier nennen. Wird Getreide zu Mehl gemahlen, somit die Stärke (Kohlenhydrate) von der Schale getrennt, hat es der Körper ganz einfach, aus diesem Mehl Glukose herzustellen, die dann in der Leber zu Fett umgewandelt wird. Gebe ich meinem Körper Vollkorn oder Gemüse, hat unser Verdauungssystem zunächst erhebliche Arbeit, daraus die Kohlenhydrate zu gewinnen und viel weniger Fett wird produziert.
Besonders eignen sich deshalb viele Gemüsesorten wie Zucchini, Gurke, Weißkohl, Blumenkohl, Brokkoli, Salate etc. Du kannst ganz einfach den Test machen, indem du ins rohe Gemüse beißt. Wird es durch die Enzyme im Speichel schnell süß im Mund, wie zum Beispiel rote Paprika oder Karotte, ist der Zuckergehalt sehr hoch; schmeckt es „nur" nach dem jeweiligen Gemüse, ist er gering.

Alle Fleisch- und Fischsorten, sowie Ei und Käse sind optimal für eine gesunde Low Carb-Ernährung, da sie kaum Kohlenhydrate enthalten.

Meiden solltest du auf jeden Fall Backwaren, Reis, Kartoffeln, Nudeln, Süßigkeiten, Softdrinks, Säfte etc., da hier der Stärke- bzw. Zuckergehalt sehr hoch ist.
Mit meiden meine ich, jeden Tag diese Lebensmittel zu essen. Wenn es bei Oma am Sonntag leckere Torte und Braten mit Knödeln gibt, genieße natürlich diese Leckereien – nur nun nicht mehr jeden Tag.

Milchprodukte sind für eine Low Carb-Ernährung teilweise gut, teilweise nicht geeignet. In allen fermentierten Produkten wie Hartkäsesorten, Schnittkäse, Camembert oder auch Butter und Frischkäse, Schmand, etc. ist der Milchzuckergehalt recht bis sehr gering. Frische Milch oder auch Joghurt hingegen haben noch den vollen Milchzuckergehalt von 4-5 g auf 100 g, was wiederum bedeutet, dass ein Liter Milch mit fast 50 g Zucker zu Buche schlägt. Der Schluck Milch im Kaffee ist aber natürlich kein Problem.

Es gibt oft zuckerfreie Bonbons, bei denen jedoch in der Nährwerttabelle 90-95 Gramm Kohlenhydrate angegeben wurden. Es handelt sich hier um sogenannte „Polyole", die eine Art von Zucker sind, die jedoch keinen Einfluss auf den Insulinspiegel haben. Der zuckerfreie Bonbon ist somit auch kein Problem!

Low Carb ist keine Diät, sondern der bewusste Umgang mit Ernährung und Lebensmitteln und somit für jeden geeignet, vom Kind bis zum Senior. Eine gute Mischung auf dem täglichen Essensplan von Gemüse bis Fleisch und Fisch versorgt dich und deine Familie auch mit allen wichtigen Nährstoffen, Mineralien, Eiweißen, Fetten und Vitaminen.

Hinweise und Tipps

Als ich vor anderthalb Jahrzehnten Low Carb für mich entdeckte, gab es nur Rezepte, die für meinen europäischen Gaumen nicht wirklich geeignet waren, da ich zum Frühstück doch lieber ein Marmeladenbrot statt Ham & Eggs esse und das tägliche Steak mit Salat recht schnell eintönig wird.

Ich machte mich deshalb daran, Gerichte, die ich gerne esse und zubereite, in eine kohlenhydratarme Version zu „übersetzen" und beschäftigte mich intensiv mit der Suche nach Lebensmitteln, die zu dieser Ernährung passen und vor allem lecker und gesund sind.
Hier habe ich nun für dich eine Auswahl an tollen Low Carb Rezepten zusammengetragen, die auch wunderbar im und mit dem Thermomix zuzubereiten sind. Alle Rezepte sind Familienrezepte und für vier Personen (zwei Erwachsene, zwei Kinder) konzipiert.
Ein paar wichtige Tipps möchte ich vorab noch geben:
Der richtige Einkauf von Lebensmitteln ist essentiell für die Low Carb-Ernährung. Es gibt von nahezu allen Produkten welche, die unglaublich viel Zucker enthalten und wiederum auch ganz pure.

Wenn du zum Beispiel eine Essiggurke essen möchtest, hast du ja Lust auf eine Gurke und nicht auf das Zuckerwasser, in welches manche gelegt werden. Es gibt Sorten mit nur 0,9 g Zucker auf 100 g, aber auch welche mit 15 g Zucker. Ketchup ist auch ein schönes Beispiel. Der normale Ketchup hat oft mehr als 30 g Zucker auf 100 g und es gibt Sorten, sogar im Discounter, die nur 6 g natürlichen Fruchtzucker enthalten, was wiederum pro Portion dann nicht mehr ins Gewicht fällt.

Was ich damit sagen möchte: Kaufe deine Lebensmittel nicht nach den tollen Sprüchen vorne auf dem Etikett, sondern nur nachdem, was hinten drauf steht. Greife grundsätzlich nach dem Produkt mit den wenigsten Kohlenhydraten in der Zutatenliste auf dem Etikett.
Dosentomaten schwanken zwischen 3 g und 9 g, gekörnte Brühe zwischen 0,5 g und 12 g, Frischkäse zwischen 2,8 g und 7 g, usw. Auch bei frischen Produkten ist der Unterschied an Kohlenhydraten (KH) pro 100 g oft eklatant. So hat grüne Paprika nur gut 2,9 g KH und rote Paprika fast 6,5 g KH auf 100 g.
Die gesamte Menge an Zucker, die du durch den bewussten Einkauf pro Tag sparen kannst, ist immens!

Die Kohlenhydratangaben zu den Rezepten in diesem Buch habe ich aus dem reinen Zuckergehalt, also den „bösen" Kohlenhydraten, der jeweiligen Lebensmittel berechnet, da nur dieser einen Einfluss auf deinen Insulinspiegel und somit auf deine Low Carb-Ernährung hat.

Nun bleibt mir nur noch viel Freude beim „Mixen" und Kochen zu wünschen, guten Appetit beim Ergebnis und viel Spaß auf meiner Low Carb-Rezepte-Welt-Reise von Pekingsuppe über Spargelquiche, Gulasch bis hin zur Pizza!

Besondere Zutaten und Lebensmittel

In den Zutatenlisten der Rezepte erwähne ich einige Zutaten und Lebensmittel, die es im normalen Supermarkt nicht immer gibt, wie z.B. Erythrit, Bindobin, Eiweißpulver mit Vanillegeschmack, Mandelmehl, Gluten, Alpro Soya Cuisine, Chia Samen und Flohsamenschalen. Diese Zutaten möchte ich dir im Folgenden vorstellen, damit du genauer weißt, was sich dahinter verbirgt.
All diese Zutaten bekommst du in diversen Shops im Internet, teilweise im Reformhaus, im Bioladen oder als Low Carb-Starterpaket auf meiner Internetseite www.manndiät.de.
Nähere Informationen können gerne mit dem Betreff „Starterpaket" unter service@die-md.de angefordert werden.

Erythrit

In meinen Rezepten nutze ich oft Erythrit (z.B. Xucker), einen natürlichen Zuckeraustauschstoff, der durch Fermentation aus Weintrauben, Birnen, anderem Obst oder sogar Stroh gewonnen wird. Er sieht aus wie Zucker und ist auch genauso verwendbar. Erythrit hat keine Kalorien, ist zahnfreundlich und wird gerade für Diabetiker als Zuckerersatz empfohlen. Im Vergleich zu anderen Zuckerersatzstoffen gilt Erythrit als besonders verträglich, auch in größeren Mengen.
Falls du jedoch kein Erythrit im Haus haben solltest, kannst du in allen Rezepten auch flüssigen Süßstoff nutzen. Achte dabei nur auf die Dosierung und darauf, dass der Süßstoff hitzebeständig ist, da zum Beispiel die Low Carb-Konfitüre sonst recht „sauer" werden könnte.

Bindobin

Bindobin ist ein natürliches und geschmacksneutrales Bindemittel zum Andicken von Saucen etc. Es besteht aus Johannisbrotkernmehl und wirkt schon in geringen Mengen. Das Mehl gewinnt man aus den im Fruchtfleisch enthaltenen Samen der Johannisbrotfrucht.
Bindobin ist in der Küche vielseitig einsetzbar, als Ersatz für Mehl, Eigelb oder Speisestärke. Wer Schwierigkeiten hat Bindobin zu erhalten, kann auch direkt auf Johannisbrotkernmehl zurückgreifen. In meinen Rezepten steht die Abkürzung ML bei Bindobin, damit meine ich den kleinen Messlöffel, der in jedem Glas zu finden ist. 1 ML Bindobin entspricht einer Menge von 1 TL.

Mandelmehl

Mandelmehl ist im Prinzip der Trester (Pressrückstand) der Mandel, der in Ölmühlen beim Auspressen übrig bleibt. Dadurch, dass Öle und Feuchtigkeit ausgepresst wurden, ist dieses Mehl recht trocken und eignet sich hervorragend zum Backen oder sogar Panieren von Schnitzeln.

Gluten

Gluten wird auch Weizenkleber genannt und ist ein Stoffgemisch aus Proteinen, das zum Beispiel im Weizenkorn vorkommt. Auch jegliche weitere Getreidearten wie Dinkel, Hafer oder Roggen enthalten Gluten. Gluten ist für die Struktur, das Volumen und die Lockerheit des Teiges bei Backwaren verantwortlich und nahezu kohlenhydratfrei.

Alpro Soya Cuisine

Alpro Soya Cuisine ist eine pflanzliche Alternative zu Sahne. Herkömmliche Sahne hat fast 5 Gramm Milchzucker auf 100 g, Sojasahne hingegen nur 1,2 g. Zum Kochen und Verfeinern von Low Carb Rezepten ist sie ein idealer und geschmacklich sehr guter Ersatz. Du solltest jedoch auf keinen Fall das Light Produkt nutzen, da es viel mehr Zucker enthält!

Chia Samen

Chia Samen sind die Samen einer Salbei-Art, die hauptsächlich in Mexiko vorkommt und schon von Urvölkern zur Ernährung genutzt wurde. Die Samen wurden durch die vegane Küche bei uns populär und enthalten tolle und gesunde Inhaltsstoffe wie Omega-3-Fettsäuren, Eisen, Calcium, Magnesium, Ballaststoffe und Antioxidantien. Das macht sie zu einem sogenannten „Superfood"! Sie schmecken leicht nussig und sind vielseitig einsetzbar.

Flohsamenschalen

Diese Heilpflanze aus Indien ist ähnlich wie Chia sehr reich an wertvollen Inhaltsstoffen und bereichert somit eine vollwertige Ernährung. Flohsamenschalen enthalten für unseren Darmtrakt sehr gut verträgliche Ballaststoffe. Den Namen haben sie übrigens, weil der Samen, wenn er reif ist, wie ein kleiner Floh aus der Schale springt. Flohsamenschalen sind als Bindemittel in Backwerken gut geeignet und halten sie feucht.

Eiweißpulver Vanillegeschmack

Eiweißpulver gibt es in den unterschiedlichsten Sorten und von verschiedenen Marken in Supermärkten, Drogeriemärkten, Apotheken oder in Online-Shops zu kaufen. Eiweißpulver lässt sich gut als Mehlersatz zum Backen verwenden, dabei spart man viele Kohlenhydrate, die sonst im Zucker und Mehl enthalten sind. Außerdem werden mehr Proteine aufgenommen.

KISS THE COOK
HUGO BOSS
IN GREEN WE TRUST
Premium Quality Brand

BROTE
& BEILAGEN

Kohlenhydrate pro Scheibe (grober Richtwert bei 0,7 cm):	0,8 g KH	1 Brot	1 h 45 Min.	leicht

EIWEISSBROT

Zubereitungszeit: 15 Minuten
Backzeit: 90 Minuten, 150°C Ober-/Unterhitze
Ruhezeit: 12 Stunden
Utensilien: Kastenform, 25 cm
Zutaten für 1 Brot

- 250 g Magerquark
- 8 Eier, Größe M
- 1 Packung Weinstein-Backpulver
- 1 TL Brotgewürz (z. B. von Alnatura)
- 100 g Mandelmehl
- 100 g Leinsamenschrot
- 50 g Dinkelkleie
- 50 g Gluten (Weizenkleber)
- 50 g Sonnenblumenkerne
- ¼ TL Salz

1. Zunächst gibst du Quark, Eier, Backpulver und Brotgewürz in den Mixtopf und vermischst alles 2 Minuten/ Teigknetstufe. Den Backofen heizt du auf 150°C Ober-/Unterhitze vor.

2. Nun fügst du Mandelmehl, Leinsamenschrot, Kleie, Gluten, Sonnenblumenkerne und Salz hinzu und vermischst alles 4 Minuten/ Teigknetstufe zu einem glatten Teig.

3. Während der Teig nun rührt, kannst du eine 25 cm Kastenbackform mit Backpapier ausschlagen.

4. Fülle den Teig anschließend in die Backform und backe das Brot 90 Minuten bei 150°C Ober-/Unterhitze.

5. Nimm das fertige Brot aus der Backform und lasse es am besten über Nacht auf einem Brettchen „trocknen". Das Brot ist im Kühlschrank gut eine Woche haltbar.

mixtipp

Getoastet schmeckt das Brot auch richtig gut!

Kohlenhydrate pro Scheibe (grober Richtwert bei 0,7 cm):	0 g KH	1 Brot	45 Min.	leicht

LEINSAMENBROT

Zubereitungszeit: 5 Minuten
Backzeit: 40 Minuten, 200°C Ober-/Unterhitze
Utensilien: Kastenform, 25 cm
Zutaten für 1 Brot

400 g Leinsamen
6 Eiweiß, Größe M
2 Eier, Größe M
30 g Olivenöl
¼ TL Salz
1,5 TL Brotgewürz (z. B. von Alnatura)
135 g Wasser

Das Leinsamenbrot ist das kohlenhydratärmste Low Carb-Brot, welches mir bekannt ist. Einfach, schnell, günstig und sehr schmackhaft und für alle Beläge geeignet.

1. Als Erstes gibst du die Leinsamen in den Mixtopf und verarbeitest sie 30 Sekunden/ Stufe 10 zu Mehl.

2. Heize den Ofen auf 200°C Ober-/Unterhitze vor und schlage eine Kastenform mit Backpapier aus.

3. Eiweiß, Eier, Öl, Salz, Brotgewürz und Wasser fügst du zum Leinsamenmehl in den Mixtopf hinzu und knetest alles 2 Minuten/ Teigknetstufe.

4. Gib den Teig recht zügig in die Kastenform, da dieser schnell fest wird und streiche ihn mit dem Spatel glatt und in alle Ecken. Schieb das Brot in den Ofen und backe es 40 Minuten bei 200°C Ober-/Unterhitze.

mixtipp

Mit dem übrigen Eigelb lässt sich wunderbar die Low Carb-Sauce Hollandaise (s. S. 96) zubereiten.

Kohlenhydrate pro Scheibe (grober Richtwert bei 0,7 cm):	1,0 g KH

1 Brot | 1 h 40 Min. | leicht

PARTYBROT

Zubereitungszeit: 10 Minuten
Backzeit: 90 Minuten, 150°C Ober-/Unterhitze
Ruhezeit: 12 Stunden
Zutaten für 1 Brot

- 100 g Kabanossi, in groben Stücken
- 100 g Emmentaler, in groben Stücken
- 100 g grüne Paprika, in groben Stücken
- 50 g schwarze Oliven, entsteint
- 250 g Magerquark
- 7 Eier, Größe M
- 1 Packung Weinstein-Backpulver
- 1 TL Brotgewürz (z. B. von Alnatura)
- 1 TL italienische Kräutermischung
- 100 g Mandelmehl
- 100 g Leinsamenschrot
- 50 g Dinkelkleie
- 50 g Gluten (Weizenkleber)
- 50 g Chia Samen
- ½ TL Salz

1. Get the Party(brot) started", indem du Kabanossi, Käse sowie Paprika und die ganzen Oliven in den Mixtopf gibst und 6 Sekunden/ Stufe 8 häckselst. Heize den Backofen auf 150°C Ober-/Unterhitze vor.

2. Jetzt füge Quark, Eier, Backpulver, Brotgewürz und die Kräutermischung in den Mixtopf hinzu und vermische alles 3 Minuten/ Teigknetstufe.

3. Nun Mandelmehl, Leinsamen, Kleie, Gluten, Chia Samen und Salz zugeben und alles 5 Minuten/ Teigknetstufe zu einem glatten Teig vermischen.

4. Schlage währenddessen eine Kastenform mit Backpapier aus.

5. Gib den Teig in die Backform und backe das Partybrot 90 Minuten bei 150°C Ober-/Unterhitze.

6. Nimm das fertige Brot aus der Backform und lasse es am besten über Nacht auf einem Brettchen „trocknen". Das Partybrot ist im Kühlschrank gut eine Woche haltbar.

Serviertipp: Das Partybrot eignet sich auch ganz hervorragend, um Käsetoast zu machen. Einfach Brotscheiben mit etwas Mayonnaise und Tomatenmark bestreichen, mit Salami oder Schinken belegen und dann alles, was der Kühlschrank hergibt, verwenden. Frühlingszwiebel oder Oliven, oder Kapern, Peperoni, Jalapeños etc. auf der Salami verteilen und Käse darüber geben. Egal, ob gerieben oder als Scheibe. Kurz in den Ofen bei Grillfunktion – fertig ist der leckere Low Carb-Käsetoast.

Kohlenhydrate pro Portion (grober Richtwert):	4 g KH	4 Personen	17 Min.	leicht

BLUMENKOHLCOUSCOUS

Zubereitungszeit: 17 Minuten
Zutaten für 4 Personen

1000 g Blumenkohl (ca. 1300 g mit grün)
Saft von einer ½ Zitrone
1 TL Salz
50 g Butter

Blumenkohl ist ein wirkliches Low Carb-Allzweckmittel. Je nach Zubereitung erwartet dich ein völlig anderer Geschmack, der oft weit weg ist vom klassisch gegarten Blumenkohl.

1. Zerteile zunächst den Blumenkohl in etwa gleich große Röschen/Stücke.

2. Die Hälfte der Menge gibst du in den Mixtopf und verarbeitest sie 5 Sekunden/ Stufe 5 zu „Couscous". Dann stellst du den Couscous in einer separaten Schüssel beiseite.

3. Nun verfährst du mit der anderen Hälfte im Mixtopf genauso und gibst auch diese Menge in die Schüssel.

4. Gib den Zitronensaft und das Salz dazu und vermische alles gut.

5. In einer großen Pfanne schmilzt du die Butter, wenn diese zu schäumen beginnt, gibst du den Couscous hinein und brätst ihn gute 10 Minuten bei voller Hitze an. Dabei nicht dauernd rühren, damit der Blumenkohl anrösten kann. Fertig ist eine super schmackhafte Beilage zu vielen Fleisch- und Fischgerichten, die Saucen ähnlich „aufsaugt" wie Reis.

Kohlenhydrate pro Portion (grober Richtwert): 4,5 g KH | 4 Personen | 33 Min. | leicht

SPINATGRATIN

Zubereitungszeit: 8 Minuten
Auftauzeit: 12 Stunden
Backzeit: 25 Minuten, 200°C Ober-/Unterhitze
Utensilien: Auflaufform 20 x 30 cm
Zutaten für 4 Personen

1000 g Blattspinat (gefroren)
300 g Emmentaler, in groben Stücken
150 g Zwiebel, geviertelt
15 g Olivenöl
150 g Alpro Soya Cuisine
100 g Frischkäse
100 g Wasser
1½ TL gekörnte Brühe
1 TL Salz
¼ TL Pfeffer
1 Msp. Muskat

mixtipp
Spinat gehört mit nur 0,4 g Zucker auf 100 g zu den kohlenhydratärmsten Gemüsesorten und eignet sich als Beilage deshalb wunderbar bei einer Low Carb-Ernährung.

1. Lasse den Spinat über Nacht im Kühlschrank auftauen und gieße das Tauwasser ab. Wenn es schnell gehen muss, taue den Spinat im Varoma 15 Minuten/ Varoma/ Stufe 2 auf.

2. Heize deinen Ofen auf 200°C Ober-/Unterhitze vor.

3. Verarbeite den Käse im Mixtopf 20 Sekunden/ Stufe 5 zu Käseraspeln und gib sie in eine Schüssel.

4. Nun gibst du die Zwiebeln in den Mixtopf und zerkleinerst diese 5 Sekunden/ Stufe 5, schiebst die Stücke mit dem Spatel nach unten, fügst das Olivenöl hinzu und dünstest die Zwiebel 3 Minuten/ Varoma/ Linkslauf/ Sanftrührstufe.

5. Alpro Soya Cuisine, Frischkäse, Wasser, Brühe, Salz, Pfeffer und Muskat gibst du nun in den Mixtopf zur Zwiebel und verarbeitest die Zutaten 40 Sekunden/ Linkslauf/ Stufe 2 zur Gratinsauce.

6. Gib den aufgetauten Spinat gleichmäßig in eine Auflaufform, dabei kannst du ihn etwas zerrupfen und auflockern.

7. Gieße die Gratinsauce aus dem Mixtopf darüber und verteile die Käseraspel als Decke darüber. Das Gratin nun 25 Minuten im Ofen bei 200°C Ober-/Unterhitze backen, bis der Käse zerflossen ist und goldbraun wird.

Serviertipp: Du kannst dieses Gericht auch ganz leicht zum Lachs-Spinat-Auflauf modifizieren, indem du zwischen den Spinat gut 500 g Lachs (frisch oder aufgetaut / ohne Haut / leicht mit Zitrone und Salz eingerieben) in groben 10-12 x 5 cm großen Stücken verteilst, und dann wie in Schritt 7 weiter verfährst.

Kohlenhydrate pro Portion (grober Richtwert):	12,0 g KH	4 Personen	55 Min.	mittel

STECKRÜBENGRATIN

Zubereitungszeit: 30 Minuten
Backzeit: 25 Minuten,
180°C Umluft;
200°C Ober-/Unterhitze
Zutaten für 4 Personen

- 1300 g Steckrübe (Kohlrübe) ungeschält ca. 1500 g
- 500 g Wasser
- 2 TL gekörnte Brühe
- 250 g Alpro Soya Cuisine
- 200 g Gouda, in groben Stücken
- 50 g Wasser
- 1 TL Brühe
- 1 TL Salz
- eine Prise Muskat und Pfeffer

mixtipp
Omas Gemüse 2.0. Die Steckrübe zeigt uns, wie aus einer „alten" Rübe ein neues Trendgemüse werden kann.

1. Die Steckrüben sind meist sehr hart. Es ist deshalb am besten, sie zuerst zu vierteln und dann mit einem Sparschäler zu schälen. Anschließend zerteilst du sie längs und quer in ca. 4-5 x 0,5 cm große Stücke.

2. Füll das Wasser zusammen mit einem guten TL Brühe in den Mixtopf. Lege die Steckrübenscheiben in den Varoma und gare sie 20 Minuten/ Varoma/ Stufe 2.

3. Die Steckrübenscheiben legst du nun in eine Auflaufform und spülst den Mixtopf kalt aus. Für den nächsten Rezeptschritt darf er nicht mehr warm sein, da der Käse sonst schon schmilzt.
Heize den Ofen auf 180°C Umluft bzw. 200°C Ober-/Unterhitze vor.

4. Gib Alpro Soya Cuisine, Gouda, Wasser, 1 TL Brühe, Salz, eine Prise Pfeffer und etwas Muskat dazu. Wenn du frische Muskatnuss verwendest ca. 4-5 mal reiben, wenn du Pulver nimmst, dann benötigst du ca. eine Teelöffelspitze. Mixe die Gratinsauce jetzt 10 Sekunden/ Stufe 8.

5. Verteile die Gratinsauce nun gleichmäßig über die Steckrübenscheiben und gib die Auflaufform für 25 Minuten bei 180°C Umluft oder 200°C Ober-/Unterhitze in den Ofen. Dieses ausgesprochen leckere Gratin ist fertig, wenn sich teilweise goldbraune Bläschen bilden.

Serviertipp: Wenn du das Gratin als Hauptgericht zubereiten möchtest, füge noch 150 g in Scheiben geschnittene Kabanossi in die Auflaufform zur Rübe, gut unterheben und dann erst die Gratinsauce darüber geben – ab in den Ofen – total lecker!

Kohlenhydrate pro Portion (grober Richtwert): 0,0 g KH | 4 Personen | 25 Min. | leicht

PARMESANCRACKER

Zubereitungszeit: 15 Minuten
Backzeit: 10 Minuten,
200°C Ober-/Unterhitze
Zutaten für 4 Personen

100 g Parmesan, grob gewürfelt

mixtipp
Die Cracker sind extrem schnell zubereitet, passen zu Suppen genauso wie als Knabberei beim Fernsehen und haben 0,0 Kohlenhydrate.

1. Heize den Ofen auf 200°C Ober-/Unterhitze vor.

2. Gib den Parmesan in den Mixtopf und raspel ihn 10 Sekunden/ Stufe 10.

3. Lege ein Backblech mit Backpapier aus und gib jeweils einen gut gehäuften TL Käseraspel auf das Papier. Lass genug Platz zwischen den „Käse-Raspel-Türmchen", da diese zu Talern zerfließen.

4. Schieb das Blech nun 10 Minuten bei 200°C Ober-/ Unterhitze in den Ofen, bis die Cracker goldbraun sind.

5. Wichtig bei Parmesancrackern ist, dass du sie abkühlen lassen musst, bevor du sie vom Papier nimmst. Sie zerfallen sonst.

HAUPTGERICHTE

Kohlenhydrate pro Portion (grober Richtwert):	4,5 g KH	4 Personen	30 Min.	mittel

BLUMENKOHLAUFLAUF

Zubereitungszeit: 5 Minuten
Backzeit: 25 Minuten,
200°C Ober-/Unterhitze
Zutaten für 4 Personen

Sauce Hollandaise von Seite 96
250 g Emmentaler, in groben Stücken
100 g gekochter Schinken
800 g Wasser
2 TL gekörnte Brühe
1000 g Blumenkohl

Hier kommen wir zum Lieblingsessen meiner Frau und der Sohnemann verputzt meist auch mehr als eine Portion, weil´s so lecker ist! Blumenkohl, Käse, Schinken und Low-Carb-Sauce Hollandaise ergänzen sich wunderbar.

1. Bereite zunächst die Low Carb-Sauce Hollandaise wie auf Seite 96 beschrieben zu. Wenn die Sauce fertig ist, füllst du sie in eine Schüssel um und spülst den Mixtopf aus.

2. Es folgt die Zubereitung der Käseraspel. Hierzu den Emmentaler in ganz grobe Würfel schneiden und im Mixtopf 20 Sekunden/ Stufe 5 zerkleinern. Stelle ihn in einem separaten Schälchen beiseite.

3. Schneide den Schinken in ca. 0,5 cm breite Streifen.

4. Gib anschließend das Wasser mit Brühe in den Mixtopf. Zerteile den Blumenkohl in Röschen und lege diesen in den Varoma. Gare die Röschen 25 Minuten/ Varoma/ Stufe 2.

5. Nach der Garzeit verteile den Blumenkohl in einer großen Auflaufform und entferne die Brühe aus dem Mixtopf. Heize den Backofen auf 200°C Ober-/Unterhitze vor.

6. Bei der Zubereitung der Sauce hast du nur eine halbe Packung Alpro Soya Cuisine benötigt. Nun gebe den Rest in die fertige Sauce und verrühre beides gut miteinander.

7. Nun die Schinkenstreifen, dann die Sauce Hollandaise und zuletzt die Käseraspel gleichmäßig über dem Blumenkohl verteilen. Die Auflaufform jetzt für ca. 25 Minuten bei 200°C Ober-/Unterhitze in den Ofen geben, bis der Käse schön goldbraun wird. Guten Appetit!

Kohlenhydrate pro Portion (grober Richtwert):	4,5 g KH	4 Personen	35 Min.	leicht

BULETTEN
MIT CHAMPIGNONRAHMSAUCE

Zubereitungszeit: 35 Minuten
Zutaten für 4 Personen

200 g Zwiebeln, in groben Stücken
20 g Kapern
1000 g gemischtes Hackfleisch
20 g Senf
2 TL Majoran
1½ TL Salz
2 TL Paprikapulver (edelsüß)
3 Eier, Größe M
Butterschmalz oder Rapsöl zum Braten

Für die Sauce:

50 g Zwiebel, in grobe Stücken
30 g Butter
350 g Champignons
150 g Frischkäse
1 gestrichenen TL Salz
1½ TL gekörnte Brühe
¼ TL Pfeffer
1 TL Majoran
2 ML Bindobin
500 g Wasser

1. Gib die Zwiebel mit den Kapern in den Mixtopf und mixe die Mischung 6 Sekunden/ Stufe 5. Schiebe die Reste mit dem Spatel nach unten und dünste das Ganze 3 Minuten/ Varoma/ Stufe 2 an.

2. Dann fügst du Hackfleisch, Senf, Majoran, Salz, Paprikapulver und die Eier hinzu und vermengst alles 90 Sekunden/ Stufe 4.

3. Aus der Masse formst du nun 8 gleichmäßig große Buletten. Tipp: Mit nassen Händen geht´s einfacher.

4. Erhitze in einer großen Pfanne einen guten EL Butterschmalz oder 4 EL Rapsöl und brate die Buletten von allen Seiten scharf an. Reduziere die Hitze und lasse sie gute 10 Minuten weiter garen. Dabei immer mal wenden.

5. Für die Sauce zerkleinerst du die Zwiebel 5 Sekunden/ Stufe 5 im gereinigten Mixtopf. Schiebe die Reste mit dem Spatel nach unten, gib Butter dazu und schwitze die Zwiebeln 3 Minuten/ Varoma/ Stufe 1 an.

6. Gib anschließend die geputzten Champignons in den Mixtopf und mixe alles wiederum 5 Sekunden/ Stufe 5.

7. Füge Frischkäse, Salz, Brühe, Pfeffer, Majoran, Bindobin und das Wasser hinzu und lasse die Rahmsauce nun 10 Minuten/ 100°C/ Linkslauf/ Stufe 1 aufkochen.

Tipp: Egal, ob du sie Frikadellen, Fleischpflanzerl, Buletten, Beefsteak oder auch Fleischküchle nennst, der gebratene Klops ist warm wie kalt der Klassiker der Hausmannskost und einfach immer lecker und total Low Carb!

mixtipp

Zu den Buletten mit Rahmsauce passt super ein grüner Salat oder auch saure Gurken.

Kohlenhydrate pro Portion (grober Richtwert):	4,0 g KH	4 Personen	40 Min.	leicht

CALAMARI
ALLA LIVORNESE

Zubereitungszeit: 40 Minuten
Zutaten für 4 Personen

- 50 g Zwiebel, in groben Stücken
- 1 kleine Dose Tomaten (400 g)
- 50 g schwarze Oliven, ohne Stein
- 4 Sardellen
- 1 Knoblauchzehe
- 600 g Calamari
- 2 ML Bindobin
- 200 g Wasser
- 25 g Kapern
- 10 g Olivenöl
- 2 TL gekörnte Brühe
- 2 TL italienische Kräutermischung
- ½ TL Salz
- ¼ TL Pfeffer

1. Gib die Zwiebel mit den Dosentomaten, Oliven, Sardellen und dem Knoblauch in den Mixtopf und zerkleinere alles 5 Sekunden/ Stufe 5.

2. Schneide die Calamari-Tuben in ca. 1,5 cm breite Ringe und füge diese zusammen mit Bindobin, Wasser, Kapern, Öl, Brühe, Kräutermischung, Salz und Pfeffer in den Mixtopf hinzu. Die Calamari a la Livornese nun 30 Minuten/ 100°C/ Linkslauf/ Stufe 2 köcheln lassen. Buon appetito!

mixtipp
Diese typisch toskanische Spezialität zaubert dir Strand- und Urlaubsgefühle auf den Tisch!

Kohlenhydrate pro Portion (grober Richtwert):	6,0 g KH	8 Burger	45 Min.	mittel

CAESARS BURGER

Zubereitungszeit: 45 Minuten
Zutaten für 8 Burger

- 250 g Magerquark
- 50 g Dinkel- oder Haferkleie
- 10 g Flohsamenschalen
- 10 g Mandelmehl
- 15 g Gluten
- 4 Eier, Größe M
- ½ TL Salz
- ½ TL Backpulver
- 2 große Hähnchenbrustfilets, ca. 500 g
- Salz, nach Belieben
- 40 g Rapsöl
- 1 große Fleischtomate
- 2 Römersalatherzen
- Mayonnaise, nach Belieben
- Low Carb-Ketchup, nach Belieben (s. S. 94)

1. Bereite den Teig wie bei der Riesen-Enchilada von Seite 66 Schritte 1 und 2 zu, füge jedoch noch Backpulver hinzu.

2. Wenn du den Teig aus dem Ofen genommen hast, nimm eine ca. 8 cm große Untertasse oder einen Deckel zur Hand, lege diese auf den Teig – möglichst nah am Rand, und schneide mit einem Messer rund herum nun 8 „Burgerdeckel" aus dem Teig.

3. Halbiere die 2 Hähnchenbrüste der Länge nach, salze sie etwas und brate diese in einer Pfanne mit gut 40 g Rapsöl an, bis sie leicht goldbraun werden.

4. Schneide große Scheiben von der Tomate vom Strunk aus quer, ca. 0,5 cm dick, und brate diese kurz mit in der Pfanne an.

5. Scheide in der Zwischenzeit zwei Römersalatherzen in schmale Streifen, wasche sie gründlich und gib sie in eine Schüssel.

6. Bereite nun das Caesars-Dressing von Seite 90 zu, gib dieses über den Salat und vermenge es gut.

7. Alle Burgerdeckel mit Mayonnaise und die Böden mit etwas zuckerfreiem Ketchup bestreichen. Auf vier davon verteilst du je einen guten EL Caesars Salat, Hähnchenbrust und Tomate. Lege den Brötchendeckel oben drauf. Den übrigen Salat als Beilage reichen. Enjoy your meal!

Kohlenhydrate pro Portion (grober Richtwert):	7,0 g KH	4 Personen	2 h 20 Min.	schwer

FRÄNKISCHES HOCHZEITSESSEN MIT SELLERIESTAMPF

Zubereitungszeit: 2 Stunden, 20 Minuten
Zutaten für 4 Personen

- 1 große Zwiebel
- 1000 g Tafelspitz
- 1½ TL Salz
- ½ TL Pfeffer
- 1 TL Majoran
- 2000 g Wasser
- 3 TL gekörnte Brühe
- 10 Wacholderbeeren
- 2 Lorbeerblätter
- 600 g Knollensellerie
- 50 g Butter
- 1 Msp. Muskat
- 250 g Tafelspitzbrühe
- 100 g Frischkäse
- 30 g Tafelmeerrettich
- 2 ML Bindobin
- 100 g Alpro Soya Cuisine
- 5 g Zitronensaft

In Franken gibt es kaum ein Hochzeitsmenü, welches auf diese kulinarische Kombination aus zartem Rindfleisch mit pikanter Meerrettichsauce verzichtet!

LOW CARB

1. Schneide die Zwiebel in grobe Ringe und lege den Boden des Varomas damit aus. Reibe den Tafelspitz mit einem ½ TL Salz, Pfeffer, sowie Majoran von allen Seiten gut ein und gib ihn in den Varoma auf die Zwiebelringe.

2. Fülle das Wasser mit der Brühe in den Mixtopf, gib Wacholderbeeren und Lorbeerblätter dazu. Setze den Varoma auf und gare das Fleisch 90 Minuten/ Varoma/ Stufe 2.

3. Schäle den Sellerie und schneide ihn in gut 2 x 2 cm große Würfel. Füll die Stücke in das Garkörbchen und häng dieses in den Mixtopf. Setze den Varoma mit Fleisch wiederum auf und gare alles nochmals 30 Minuten/ Varoma/ Stufe 2.

4. Nach dem Ende der Garzeit stellst du den Tafelspitz im geschlossenen Varoma beiseite, um ihn warm zu halten und gibst die Brühe aus dem Mixtopf in eine separate Schüssel. Den gedünsteten Sellerie bereitest du mit 25 g Butter, einem ½ TL Salz und Muskat im Topf 30 Sekunden/ Stufe 3 zu Selleriestampf zu. Füll den Stampf in eine separate Schüssel um.

5. Spüle den Mixtopf kurz aus und koche 250 g der beiseite gestellten Fleischbrühe, die restlichen 25 g Butter, Frischkäse, Meerrettich, Bindobin, Alpro Soya Cuisine, Zitronensaft und einen ½ TL Salz 4 Minuten/ 100°C/ Stufe 2 auf.

6. Den Tafelspitz schneidest du nun in Scheiben, legst sie in eine Schüssel und bedeckst sie mit der Meerrettich-Sauce. Serviere dazu den Selleriestampf. An Guadn!

Serviertipp: Wenn Du den Selleriestampf als Beilage zu anderen Gerichten zubereiten möchtest, gib 750 g Wasser und 2 TL gekörnte Brühe in den Mixtopf und fülle den gestückelten Sellerie in den Garkorb. Dann dünste die Stücke 30 Minuten/ Varoma/ Stufe 2, die restliche Zubereitung erfolgt wie oben beschrieben. Für eine größere Menge nutze den Varoma!

mixtipp

Kaufe ein möglichst flaches, gleichmäßig geformtes Stück Fleisch, um ein optimales Ergebnis im Varoma zu erzielen.

Kohlenhydrate pro Portion (grober Richtwert):	10,0 g KH	4 Personen	50 Min.	mittel

GEFÜLLTE SPITZPAPRIKA
MIT TOMATENSAUCE

Zubereitungszeit: 50 Minuten
Zutaten für 4 Personen

- 100 g Zwiebel, in Stücken
- 60 g Frühlingszwiebel, in Stücken
- 500 g gemischtes Hackfleisch
- 1 TL Salz
- ¼ TL Cayennepfeffer
- 1 TL italienische Kräuter oder Kräuter der Provence Mischung
- 1 TL Oregano
- 2 Eier, Größe M
- ca. 600 g Spitzpaprika (8 Stk. grün oder gelb)
- 750 g Wasser
- 1 TL gekörnte Brühe
- 20 g Tomatenmark

Für die Sauce:

- 50 g Zwiebel
- 1 Knoblauchzehe
- 10 g Olivenöl
- 1 TL italienische Kräuter oder Kräuter der Provence Mischung
- 500 g passierte Tomaten
- 1 TL Salz und etwas Pfeffer
- 1 TL gekörnte Brühe

1. Zunächst zerkleinerst du die Zwiebel und Frühlingszwiebel im Mixtopf 6 Sekunden/ Stufe 5. Schiebe die Stückchen mit dem Spatel nach unten.

2. Dann gibst du das Hackfleisch, Salz, Cayennepfeffer und alle Kräuter in den Mixtopf und schlägst beide Eier dazu. Vermische die Masse nun 60 Sekunden/ Stufe 2-3.

3. In dieser Zeit schneidest du die Hauben der Paprika möglichst knapp unterhalb des Strunks ab und entfernst alle Kerne und „Innereien". Strunk und Kerne kannst du wegwerfen, die Deckelchen behältst du.

4. Fülle die Spitzpaprika mit der Hackfleischmasse und drücke dabei immer wieder gut nach, damit möglichst die gesamte Luft entweicht und die Füllung bis ans Ende der Paprika gelangt.

5. Gib das Wasser mit Brühe und Tomatenmark in den Mixtopf und setze den Varoma darauf.

6. Verteile die gefüllten Paprikas nun im Varoma und gare sie 25 Minuten/ Varoma/ Stufe 2.

7. Für die Sauce stellst du den Varoma kurz beiseite, leerst den Mixtopf, setzt ihn erneut ein und zerkleinerst Zwiebel, Knoblauch sowie die Deckel der Paprika 6 Sekunden/ Stufe 5.

8. Schiebe die Reste mit dem Spatel nach unten, gib Olivenöl und Kräuter dazu und dünste alles 2 Minuten/ Varoma/ Stufe 2 an.

9. Füge die passierten Tomaten, Salz, Pfeffer und die gekörnte Brühe in den Mixtopf hinzu. Setze den Varoma mit der Paprika wieder auf und lass die Sauce nun 5 Minuten/ Varoma/ Stufe 2 aufkochen. Danach schlage sie 10 Sekunden/ Stufe 8 cremig.

10. Gib nun je zwei Paprika in einen tiefen Teller und verteile eine große Kelle Tomatensauce darüber. Als Beilage passt hier sehr gut z.B. Rucola-Salat mit Schafskäsewürfelchen.

mixtipp

Bei Low Carb-Rezepten ist es wichtig, nur grüne oder gelbe Paprika zu verwenden. Die Rote ist reifer und hat somit mehr Fruchtzucker.

Kohlenhydrate pro Portion (grober Richtwert):	5,0 g KH	4 Personen	25 Min.	leicht

GRÜNKOHL
MIT METTENDEN UND KASSLER

Zubereitungszeit: 25 Minuten
Zutaten für 4 Personen

100 g Zwiebel, in groben Stücken
40 g Schmalz
5 Mettenden
4 Stück Kassler
1000 g Grünkohl
300 g Wasser
1 TL Salz
2 TL gekörnte Brühe
¼ TL Pfeffer
2 TL Erythrit
Senf, nach Belieben

1. Als Erstes gibst du die Zwiebel in den Mixtopf und zerkleinerst sie 4 Sekunden/ Stufe 5. Schieb die Stückchen mit dem Spatel nach unten.

2. Füge das Schmalz hinzu und dünste die Zwiebel 3 Minuten/ Varoma/ Stufe 1 an.

3. Schneide 1 Mettende in ca. 1 cm breite Scheiben, die übrigen 4 und das Kassler gibst du in den Varoma.

4. Füge Grünkohl, Wasser, Salz, Brühe, Pfeffer, Erythrit und die Mettendenscheibchen in den Mixtopf dazu, setze den Varoma auf und koche alles 20 Minuten/ 100°C/ Linkslauf/ Stufe 2.

5. Serviere pro Teller eine abgetropfte Schöpfkelle Grünkohl, eine Mettende und eine Scheibe Kassler mit Senf. Guten Hunger!

Tipp: Der norddeutsche Winter-Klassiker lässt sich im Thermomix einfach und schnell zubereiten. Dabei ist es gleich, ob du gefrorenen oder frischen Grünkohl oder welchen aus dem Glas bzw. Dose verwendest. Achte nur darauf, dass es der pure Kohl und keine Zubereitung ist. Gefrorenen vorher auftauen lassen und den aus Glas oder Dose abgießen.

mixtipp

Je nach Lust und Laune kannst du dazu Kassler-Kotelett, Nacken oder Lachs zubereiten.

Kohlenhydrate pro Portion (grober Richtwert): 3,5 g KH | 4 Personen | 1 h | schwer

KÖNIGSBERGER KLOPSE
MIT BLUMENKOHL-PASTINAKEN-STAMPF

Zubereitungszeit: 1 Stunde
Zutaten für 4 Personen

Zutaten für die Klopse:

- 100 g Zwiebel, halbiert
- 25 g Petersilie
- 750 g gemischtes Hackfleisch
- 2 Eier, Größe M
- 20 g Senf
- 1 gehäufter TL Majoran
- 1 gehäufter TL Paprikapulver mild
- 1 TL gekörnte Brühe
- 1 TL Salz
- ¼ TL Pfeffer

Zutaten für den Stampf:

- 800 g Wasser
- 2 TL gekörnte Brühe
- 200 g Pastinaken geschält, in groben Stücken
- 600 g Blumenkohlröschen
- 30 g Butter
- ¼ TL Salz

Zutaten für die Sauce:

- 100 g Essiggurke
- 500 g Brühe (aufgefangen)
- 250 g Alpro Soya Cuisine
- 50 g Kapern
- 3 ML Bindobin
- ¼ TL Salz
- 1 EL Zitronensaft
- 1 EL Gurkenwasser

1. Für die Zubereitung der Klopse zerkleinerst du die Zwiebel und die Petersilie ohne die unteren dicken Stängel im Mixtopf 10 Sekunden/ Stufe 5. Schiebe mit dem Spatel die Reste vom Topfrand nach unten.

2. Dann fügst du Hackfleisch, Eier, Senf, Majoran, Paprikapulver, Brühe, Salz und Pfeffer dazu und vermischst alles 1 Minute/ Linkslauf/ Stufe 4.

3. Lege den Varoma-Einlegeboden mit Backpapier aus. Achte darauf, dass einige Löcher frei bleiben, damit der Dampf eintreten kann. Jetzt formst du am besten mit nassen Händen ca. 5-6 cm große Klopse und gibst sie auf das Backpapier.

4. Füll das Wasser mit der gekörnten Brühe in den Mixtopf. Lege die Pastinakenstücke in den Gareinsatz und setze ihn in den Mixtopf ein. Die Blumenkohlröschen gibst du in den Varoma, setzt den Varoma-Einlegeboden mit den Klopsen auf, verschließt diesen und garst alles 35 Minuten/ Varoma/ Stufe 2.

5. Nun gibst du die Klopse in eine Schüssel und stellst sie genau wie das Gemüse im Ofen bei 80°C Ober-/Unterhitze warm. Die Brühe aus dem Mixtopf auffangen und den ausgetretenen Fleischsaft vom Backpapier zugeben. Den Mixtopf nun ausspülen.

6. Jetzt kannst du dich der Sauce widmen. Gib dafür die Essiggurken in den Mixtopf und häcksel sie 3 Sekunden/ Stufe 5.

7. Dann fügst du 500 g von der aufgefangenen Brühe, Alpro Soya Cuisine, Kapern, Bindobin, Salz, Zitronensaft und Gurkenwasser hinzu und kochst die Sauce 4 Minuten/ Varoma/ Linkslauf/ Stufe 1. Probiere ob es dir sauer genug ist, sonst mit etwas Gurkenwasser abschmecken.

8. Die fertige Sauce gibst du nun über die Klopse in die Schüssel und reinigst den Mixtopf.

Für den Stampf nimmst du den Blumenkohl und die Pastinakenstücke aus dem Ofen und gibst sie zusammen mit Butter und Salz in den Mixtopf. Rühre alles 30 Sekunden/ Linkslauf/ Stufe 4. Den Stampf mit Königsberger Klopsen und Sauce nun servieren. Guten Hunger bei Omas Rezept!

Tipp:

Blumenkohl-Pastinaken-Stampf als Beilage

Wenn Du den Blumenkohl-Pastinaken-Stampf als Beilage z.B. zu einem Steak oder Stück Fisch bereiten möchtest, lege die Blumenkohlröschen samt den Pastinakenstücken in den Varoma.

Gib 500 g Wasser und einen TL gekörnte Brühe in den Mixtopf und gare alles 25 Minuten/ Varoma/ Linkslauf/ Stufe 2. Gieß das Wasser ab und fülle den Blumenkohl und die Pastinake mit Butter und Salz in den Mixtopf und mixe alles 30 Sekunden/ Linkslauf/ Stufe 4.

Kohlenhydrate pro Portion (grober Richtwert): 5,0 g KH | 4 Personen | 40 Min. | mittel

LACHSFILET
MIT BROKKOLI & ZITRONENDILLSAUCE

Zubereitungszeit: 40 Minuten
Zutaten für 4 Personen

Für das Lachsfilet mit Brokkoli:

- 1 Zitrone
- 1000 g Lachsfilet mit Haut
- 1 TL Salz
- Pfeffer, nach Belieben
- ½ TL italienische Kräuter
- 600 g Brokkoliröschen (ca. 800 g am Strunk)
- 25 g Olivenöl
- 800 g Wasser
- 2 TL gekörnte Brühe
- 30 g Butter

Für die Zitronendillsauce:

- 20 g frischer Dill, gewaschen
- 500 g Brühe (aufgefangen)
- 50 g Frischkäse
- 50 g Crème fraîche
- 2 ML Bindobin
- ½ TL Salz
- 1 EL Zitronensaft

1. Zunächst gibst du den gewaschenen Dill in den Mixtopf und zerkleinerst ihn 10 Sekunden/ Stufe 8. Füll ihn mit Hilfe des Spatels in ein Schüsselchen und stelle ihn beiseite.

2. Presse den Saft einer halben Zitrone aus und reibe die obere Seite des Lachses (ohne Haut) gut mit dem Saft, ½ TL Salz, Pfeffer und Kräutern ein. Das geht am besten mit den Händen. Das Filet nun mit der Hautseite nach unten in den Varoma-Einlegeboden geben.

3. Den Brokkoli teilst du in Röschen und marinierst diese mit Olivenöl und dem restlichen Salz in einer Schüssel. Danach gibst du sie in den Varoma. Teste, ob sich der Einlegeboden noch aufsetzen lässt, falls nicht, ein paar Röschen noch in den Gareinsatz geben, bis alles hinein passt.

4. Gib das Wasser mit der Brühe nun in den Mixtopf, setze den Gareinsatz hinein und den Varoma darauf. Gare alles 20 Minuten/ Varoma/ Stufe 2.

5. Stelle die Brühe aus dem Mixtopf zur Seite. Halte den Fisch und das Gemüse nun kurz warm und verteile Butter in Stücken über dem warmen Brokkoli.

6. Jetzt kannst du die Zitronendillsauce zubereiten. Gib dafür 500 g von der Brühe wieder in den Mixtopf. Füge Frischkäse, Crème fraîche, Dill, Bindobin, Salz und Zitronensaft hinzu und lasse die Sauce 4 Minuten/ 100°C/ Stufe 2 aufkochen. Die Sauce nun nur mit Salz und, wer es säuerlicher mag, mit etwas mehr Zitronensaft abschmecken.

mixtipp

Um den Brokkoli noch leckerer zuzubereiten, gib diesen mit etwas Butter nach dem Garen im Varoma kurz in die Pfanne und brate ihn an.

mixtipp

Wenn Du den Fisch beim Fischhändler kaufst, lasse Dir lieber das dicke Ende zum Kopf hin abschneiden, da der gesamte Fisch dann ungefähr die gleiche Dicke hat.

Kohlenhydrate pro Portion (grober Richtwert): 1,0 g KH | 4 Personen | 5 Min. | leicht

MATJESTATAR

Zubereitungszeit: 5 Minuten
Zutaten für 4 Personen

250 g Matjesfilets
50 g Frühlingszwiebel, in groben Stücken
60 g Gewürzgurke, in groben Stücken
20 g Kapern
10 g Senf
30 g Schmand
1 Limette

Dieser flux gemixte, delikate Matjestatar ist ein Genuss, pur oder auf Low Carb-Brot.

1. Falls die Matjesfilets noch Schwanzflossen haben, schneide diese zunächst ab.

2. Gib nun den Matjes, Frühlingszwiebel und Gurke, sowie Kapern, Senf und Schmand mit ein paar Spritzern Limettensaft in den Mixtopf und mixe alles 3 Sekunden/ Stufe 5 zu Tatar.
Eet smakelijk!

mixtipp
Der Matjestatar ist besonders lecker auf dem gebutterten Leinsamenbrot von Seite 18 mit einem Spiegelei serviert.

Kohlenhydrate pro Portion (grober Richtwert): 9,0 g KH | 4 Personen | 1 h 40 Min. | mittel

PAPRIKAGULASCH

Zubereitungszeit: 1 Stunde, 40 Minuten
Zutaten für 4 Personen

- 250 g grüne Paprika, in Stücken
- 150 g Zwiebel, in Stücken
- 2 Knoblauchzehen
- 20 g Olivenöl
- 1000 g Rindergulasch
- 30 g Tomatenmark
- 400 g Dosentomaten, stückig
- 150 g Rotwein
- ¼ TL Kümmel
- 2 TL Paprikapulver mild
- 2 TL gekörnte Brühe
- 1½ TL Salz
- ½ TL Pfeffer
- 2 TL Majoran
- 8 Wachholderbeeren
- 2 Lorbeerblätter

1. Gib die Paprika und die Zwiebel sowie den Knoblauch in den Mixtopf und zerkleinere alles 4 Sekunden/ Stufe 5.

2. Füge dann Olivenöl, Rindergulasch und Tomatenmark hinzu und dünste die Mischung 5 Minuten/ Varoma/ Linkslauf/ Stufe 1,5-2 an.

3. Nun gibst du alle übrigen Zutaten zum Fleisch und lässt das Gulasch nun 90 Minuten/ 100°C/ Linkslauf/ Stufe 1-1,5 köcheln.

mixtipp
Den ungarischen Klassiker kann man durch klitzekleine Änderungen an der Rezeptur auch wunderbar passend für die Low Carb-Ernährung zubereiten.

mixtipp

Als Beilage passt hier besonders gut Blumenkohlcouscous, da er die Sauce gut aufnimmt. Aber auch Steckrübengratin oder Selleriemousse passen gut.

Kohlenhydrate pro Portion (grober Richtwert):	20,0 g KH	4 Personen	50 Min.	mittel

LOW CARB-PIZZA

Zubereitungszeit: 25 Minuten
Backzeit: 25 Minuten
200°C Ober-/Unterhitze
Zutaten für 4 Personen

- 400 g Blumenkohlröschen
- 400 g Gouda, in groben Stücken
- 2 Eier, Größe M
- ¼ TL Salz
- ¼ TL Pfeffer
- 1 Tomate ca. 120 g, halbiert
- 25 g Zwiebel, in groben Stücken
- 1 Knoblauchzehe
- 10 g Olivenöl
- 25 g Tomatenmark
- 1 TL Oregano
- ½ TL Salz

und je nach Gusto als Belag: Salami, Schinken, Sardellen, Oliven, Kapern, Artischocken, Thunfisch, etc. worauf auch immer du Appetit hast!

mixtipp

Wichtig ist, dass du nicht zu viele Zutaten zum Belegen nimmst und diese zu dick über den Boden gibst, da dieser sonst matschig wird.

1. Heize deinen Backofen auf 200°C Ober-/Unterhitze vor. Währenddessen gibst du die Blumenkohlröschen in den Mixtopf und zerkleinerst sie 5 Sekunden/ Stufe 5.

2. Den Blumenkohlgrieß verteilst du anschließend auf einem mit Backpapier ausgelegten Blech gleichmäßig und flach und gibst es für 10 Minuten, auf der mittleren Schiene, bei 200°C Ober-/Unterhitze in den Ofen.

3. Nun gibst du den Käse in den Mixtopf und verarbeitest ihn 20 Sekunden/ Stufe 5 zu Käseraspeln. 250 g davon gibst du nun aus dem Mixtopf in eine Schüssel.

4. Den im Ofen etwas getrockneten Blumenkohlgrieß lässt du einen Moment abkühlen und wenn er nur noch leicht lauwarm ist, gibst du ihn zum im Mixtopf übrigen Gouda. Füge Eier, Salz und Pfeffer dazu und mixe alles 10 Sekunden/ Stufe 5 zu einem Teig.

5. Verstreiche den so entstandenen „Pizzabodenteig" nun dünn und gleichmäßig mit einem Küchenspatel auf dem Backblech bzw. Backpapier, bis das ganze Blech bedeckt ist. Jetzt den Boden noch für weitere 10 Minuten bei 200°C Ober-/ Unterhitze fast fertig backen.

6. Gib Tomate, Zwiebel, Knoblauch, Olivenöl, Tomatenmark, Oregano und Salz in den Mixtopf und mixe die Mischung 10 Sekunden/ Stufe 10 zu einem Sugo. Diesen verteilst du dann gleichmäßig auf dem Pizzaboden, wenn du diesen aus dem Ofen geholt hast.

7. Die restlichen Käseraspel gibst du nun gleichmäßig auf dem Pizzaboden über das Sugo. Nun kannst du die Pizza nach Lust und Laune belegen und anschließend weitere 15 Minuten/ 200°C Umluft fertig backen. Buon appetito!

Kohlenhydrate pro Portion (grober Richtwert):	7,0 g KH	4 Personen	50 Min.	mittel

SPARGEL-QUICHE

Zubereitungszeit: 15 Minuten
Backzeit: 35 Minuten
200°C Ober-/Unterhitze,
160°C Ober-/Unterhitze
Utensilien: runde Quicheform (26-28 cm)
Zutaten für 4 Personen

200 g Emmentaler, in Stücken
250 g Speisequark
5 Eier, Größe M
30 g Chia-Samen
5 g Dinkel- oder Haferkleie
1 TL Salz
½ TL Pfeffer
etwas Butter
500 g grüner Spargel
100 g Zwiebel, in groben Stücken
100 g geräucherter Bauchspeck, in groben Stücken
50 g Frischkäse
50 g Alpro Soya Cuisine
1 TL Kräuter der Provence

1. Gib den Emmentaler in den Mixtopf und verarbeite ihn 20 Sekunden/ Stufe 5 zu Käseraspeln. Nimm 100 g davon aus dem Mixtopf und stelle diese beiseite. Heize den Ofen auf 200°C Ober-/Unterhitze vor.

2. Nun fügst du Quark, 2 Eier, Chia-Samen, Kleie, ½ TL Salz und ¼ TL Pfeffer zum übrigen Käse in den Mixtopf und vermischst alles 60 Sekunden/ Stufe 3.

3. Gib den Teig nun in eine gebutterte runde Quiche-Form und streiche ihn glatt. Die Form nun 15 Minuten bei 200°C Ober-/Unterhitze in den Ofen geben.

4. Schneide vom Spargel das untere Ende knapp ab. Die unteren 5-6 cm schälst du und schneidest diese dann in ca. 4 cm lange Stücke.

5. Schmelze in einer Pfanne bei 2/3 Hitze einen EL Butter und brate den Spargel darin ca. 5 Minuten leicht an.

6. Im Mixtopf zerkleinerst du jetzt Zwiebel und Speck 7 Sekunden/ Stufe 5. Die Reste schiebst du mit dem Spatel nach unten. Dann fügst du 3 Eier, den beiseite gestellten Käse, Frischkäse, Alpro Soya Cuisine, ½ TL Salz, ¼ TL Pfeffer und die Kräuter dazu und mixt alles 10 Sekunden/ Stufe 8 zur Quiche-Füllung.

7. Nimm den Quiche-Teig aus dem Ofen, verteile den Spargel gleichmäßig in der Form und gieße die Quiche-Füllung drüber. Falls Spargelstückchen aus der Masse schauen, drücke diese nach unten in die Füllung und backe die Spargel-Quiche nun 20 Minuten bei 160°C Ober-/Unterhitze fertig.
Bon appétit!

mixtipp

Frankreich lässt mit einer fluffig leichten Low Carb-Quiche-Version grüßen!

Kohlenhydrate pro Portion (grober Richtwert):	3,0 g KH	4 Personen	15 Min.	leicht

THAILÄNDISCHE THUNFISCHFRIKADELLEN

Zubereitungszeit: 15 Minuten
Zutaten für 4 Personen

- 80 g Zwiebel, in groben Stücken
- 15 g frischen Koriander
- 5 g Chili oder 1 TL Sambal Olek
- 4 Dosen Thunfisch in Lake (à 150 g Abtropfgewicht)
- 10 g Sesamsamen
- 3 Eier, Größe M
- 125 g Frischkäse
- ½ TL Salz
- 4 EL Rapsöl

1. Als Erstes gibst du die Zwiebel, den Koriander mit Stängeln und Chili oder Sambal Olek in den Mixtopf und zerkleinerst alles 6 Sekunden/ Stufe 6.

2. Den Thunfisch aus der Dose gibst du zunächst in ein Sieb, lässt ihn gut abtropfen und drückst dann die Lake mit beiden Händen gut aus. Gib den Thunfisch nach und nach in den Mixtopf. Es ist wichtig, dass der Thunfisch möglichst „trocken" ist, da die Frikadellen in der Pfanne später sonst zerfallen.

3. Füge Sesam, Eier, Frischkäse und Salz in den Mixtopf dazu und vermenge die Masse jetzt 90 Sekunden/ Stufe 4.

4. Erhitze 4 EL Rapsöl in einer großen Pfanne. Forme aus dem Thunfischbrät nun 8 Frikadellen und gib sie in die heiße Pfanne. Erst wenn sich die Frikadelle leicht vom Boden lösen lässt (gut 3 Minuten), kannst du sie wenden. Brate sie von beiden Seiten nun schön braun an.

mixtipp

Als Beilage passt hier ganz hervorragend die Wasabi-Mayo bzw. Aioli von Seite 98.

mixtipp

Thunfischfrikadellen schmecken warm wie kalt gut und für die Kinder, Reise oder Party kann man auch kleine Frikadellchen braten, die dann mit einem Happs im Mund verschwinden.

Kohlenhydrate pro Portion (grober Richtwert):	5,0 g KH	4 Personen	40 Min.	leicht

TITAS ROSENKOHLCURRY

Zubereitungszeit: 40 Minuten
Zutaten für 4 Personen

500 g Wasser
1 TL gekörnte Brühe
1000 g Rosenkohl frisch oder 700 g gefroren
600 g Hähnchenbrustfilet
20 g Ingwer, in groben Stücken
10 g Sesamöl
1 TL grüne Currypaste
1 TL Salz
400 g Kokosmilch

mixtipp
Bei Currygerichten denkt man ganz sicher nicht an Rosenkohl. Umso größer die Überraschung, wie gut lokales Wintergemüse zu Kokosmilch und exotischen Gewürzen passt.

1. Fülle als Erstes das Wasser mit der Brühe in den Mixtopf.

2. Lege die Rosenkohlköpfchen in den Varoma und gare sie 25 Minuten/ Varoma/ Stufe 2.

3. Während der Rosenkohl nun im Varoma gart, schneide die Hähnchenbrust in kleine, mundgerechte Stücke.

4. Stelle den fertigen Rosenkohl kurz beiseite, gieße die Brühe aus dem Mixtopf weg und gib dann den Ingwer, Sesamöl sowie die Currypaste in den Mixtopf und erhitze alles 2 Minuten/ Varoma/ Stufe 1. Die Currypaste entwickelt so das beste Aroma.

5. Füge die Hähnchenbruststücke, die Rosenkohlköpfchen, Salz und die Kokosmilch hinzu und koche alles 20 Minuten/ 100°C/ Linkslauf/ Sanftrührstufe fertig. Fertig ist ein überraschend leckeres Gericht mit Suchtfaktor!

mixtipp

Wer es gerne richtig würzig-scharf mag, kann auch 2 TL Currypaste verwenden.

Kohlenhydrate pro Portion (grober Richtwert): 5,0 g KH | 4 Personen | 45 Min. | mittel

TOPF-GYROS
MIT TSATSIKI UND ZUCCHINI

Zubereitungszeit: 45 Minuten
Zutaten für 4 Personen

Für den Low Carb Tsatsiki:

- 100 g Zucchini, in Stücken
- 1 Knoblauchzehe
- 400 g Hüttenkäse
- ½ TL Salz

Für das Topf-Gyros mit Zucchini:

- 1000 g Lachsbraten vom Schwein
- 500 g Zucchini, in Stücken
- 25 g Olivenöl
- 1 TL Salz
- 1 TL Thymian
- 100 g Zwiebel, in groben Stücken
- 25 g Petersilie
- 2 Knoblauchzehen
- 25 g Olivenöl
- 50 g Tomatenmark
- 1 TL Oregano
- ½ TL Rosmarin, gerebelt
- ¼ TL Pfeffer
- 250 g Wasser
- 1 TL gekörnte Brühe
- 1 ML Bindobin

LOW CARB

Bereite zuerst den Tsatsiki zu, da er, während das Gyros gekocht wird, schön durchziehen kann.

Low Carb-Tsatsiki

1. Befreie zunächst die Zucchini von den Enden und schneide sie in gut 3 cm dicke Scheiben. Falls du eine sehr dicke Zucchini verwendest, die Scheiben nochmals halbieren.

2. Gib die Stücke in den Mixtopf. Zur Zucchini im Mixtopf gibst du nun eine Knoblauchzehe und zerkleinerst beides 5 Sekunden/ Stufe 8, die Reste schiebst du mit dem Spatel nach unten.

3. Gib den Hüttenkäse und Salz dazu und verrühre den Tsatsiki 30 Sekunden/ Stufe 2.
Fertig! Nun brauchst du ihn nur noch in ein Schälchen umfüllen und den Mixtopf ausspülen.

Topf-Gyros mit Zucchini

1. Schneide den Lachsbraten in ca. 1 cm dicke Scheiben und schneide diese wiederum in 1-1,5 cm breite Streifen.

2. Mariniere die in Stücke geschnittene Zucchini in der Schüssel mit 20 g Olivenöl, ½ TL Salz und einem ½ TL Thymian.

3. Schneide die Zwiebel in grobe Stücke und gib sie mit Petersilie, 2 Knoblauchzehen, Olivenöl und Tomatenmark in den Mixtopf und vermische alles 5 Sekunden/ Stufe 5. Den Mix schiebst du dann mit dem Spatel nach unten und schwitzt ihn 5 Minuten/ Varoma/ Linkslauf/ Stufe 2 ohne Messbecher an.

4. Gib die Lachsbratenstücke, Thymian, Oregano, Rosmarin, ½ TL Salz und Pfeffer dazu und dünste alles wiederum 10 Minuten/ Varoma/ Linkslauf/ Stufe 2.

5. Füge Wasser, Brühe und Bindobin hinzu, setze den Varoma auf, gib dort die marinierten Zucchini hinein und dünste alles 20 Minuten/ Varoma/ Linkslauf/ Stufe 2.

mixtipp

Der Tsatsiki passt auch super zu gegrilltem Fleisch.

Kohlenhydrate pro Portion (grober Richtwert):	7,0 g KH	4 Personen	55 Min.	mittel

XXL-ENCHILADA

Zubereitungszeit: 35 Minuten
Backzeit: 20 Minuten
160°C Ober-/Unterhitze
Zutaten für 4 Personen

250 g Magerquark
50 g Dinkel- oder Haferkleie
10 g Flohsamenschalen
10 g Mandelmehl
15 g Gluten
4 Eier, Größe M
½ TL Salz
150 g grüne Paprika
25 g Koriander
Olivenöl
400 g Rinderhackfleisch
Mexico-Gewürz(-salz)
200 g Cheddar, in groben Stücken
25 g Jalapeños
200 g Eisbergsalat
250 g Crème fraîche
20 g Tomatenmark
1 EL Worchestersauce
¼ TL Salz

1. Heize den Ofen auf 160°C Ober-/Unterhitze vor.

2. Vermische anschließend Quark, Kleie, Flohsamenschalen, Mandelmehl, Gluten, Eier und Salz 3 Minuten/ Teigknetstufe zu einem glatten Teig. Diesen gibst du dann auf ein mit Backpapier ausgelegtes Backblech und verstreichst ihn mit Hilfe des Spatels ganz dünn und gleichmäßig bis in die Ecken. Schieb den Teig für 20 Minuten bei 160°C Ober-/Unterhitze in den Ofen.

3. Spüle den Mixtopf aus und trockne ihn ab. Wasche die Paprika und den Koriander und zerkleinere beides 5 Sekunden/ Stufe 5 im Mixtopf.

4. Erhitze 4 EL Olivenöl in einer großen Pfanne. Wenn das Öl heiß ist, das Hackfleisch mit dem Paprika-Koriandermix und einem guten TL Mexico-Gewürz scharf anbraten, bis es kross wird. Schmecke das Fleisch ab, ob es noch mehr Mexico-Gewürz oder Salz vertragen kann.

5. Während das Hackfleisch brät, gib den Cheddar, sowie die Jalapeños in den Mixtopf. Verarbeite die Mischung 20 Sekunden/ Stufe 5 zu Käse-Jalapeño-Raspeln und fülle diese in eine Schüssel um. Reinige den Mixtopf und trockne ihn ab.

6. Schneide den gewaschenen Eisberg-Salat in schmale Streifchen und bereite dann die Sauce zu. Gib dafür Crème fraîche, Tomatenmark, Worchestersauce und Salz in den Mixtopf und verrühre die Mischung 10 Sekunden/ Stufe 2.

7. Nimm den Enchiladateig aus dem Ofen, lasse ihn einen Moment abkühlen, verarbeite ihn aber noch warm, da er sich sonst nicht mehr rollen lässt.

8. Verteile auf dem Teig das Hackfleisch, die Cheddar-Jalapeño-Raspel, den Salat und die Sauce gleichmäßig und mit Hilfe des Backpapiers, auf dem der Teig liegt, rollst du die Enchilada vorsichtig und drückst sie dabei zusammen, bis es eine Riesen-Enchilada ergibt! Buen provecho!

mixtipp

Auch mexikanische Gerichte müssen nicht vom Speiseplan gestrichen werden, da diese sehr kohlenhydratarme Teigversion diesen Genuss erlaubt!

mixtipp

Wer mag, kann die Enchilada mit etwas geriebenem Cheddar bestreuen und kurz im Ofen überbacken!

Kohlenhydrate pro Portion (grober Richtwert):	5,5 g KH	4 Personen	40 Min.	mittel

ZUCCHINI-CHIA-PUFFER
MIT BACON & KRÄUTERSCHMAND

Zubereitungszeit: 40 Minuten
Zutaten für 4 Personen

Für die Zucchini-Chia-Puffer:

- 500 g Zucchini, in groben Stücken
- 2 TL Salz
- 50 g Zwiebel, in groben Stücken
- 3 Eier, Größe M
- 50 g Frischkäse
- 50 g Gluten
- ¼ TL Pfeffer
- 40 g Chia Samen
- Rapsöl zum Braten

Für den Kräuterschmand:

- 15 g Schnittlauch
- 15 g Petersilie
- 250 g Schmand
- ¼ TL Salz

- 16 Streifen Bacon & etwas Rapsöl

1. Gib die Zucchini mit ½ TL Salz in den Mixtopf und zerkleinere diese 7 Sekunden/ Stufe 4. Gib die Stückchen nun in den Garkorb und lasse den Zucchinisaft gut 30 Minuten abtropfen.

2. Zerkleinere die Zwiebel im Mixtopf 6 Sekunden/ Stufe 5 und füll auch diese in den Garkorb.

3. Vermische Eier, Frischkäse, Gluten, 1 ½ TL Salz und Pfeffer im Mixtopf 20 Sekunden/ Stufe 4 zu einem glatten Teig.

4. Drücke die Zucchinihäcksel nun im Korb noch etwas nach unten, damit die letzte Flüssigkeit heraus fliest. Die Zucchinistückchen und Zwiebeln füllst du dann zum Teig in den Mixtopf und gibst die Chia Samen hinein. Das Ganze nun 30 Sekunden/ Linkslauf/ Stufe 2 vermischen.

5. In einer großen Pfanne erhitzt du 5 EL Rapsöl und gibst jeweils eine kleine Kelle Pufferteig hinein. Dieser zerfließt dann zum Puffer. Nun brätst du diesen gut 2-3 Minuten an und erst wenn er bräunlich wird, wendest du ihn, sonst zerfallen die Zucchini-Puffer. Brate sie von allen Seiten goldbraun an und stelle die Puffer warm.

6. Während die Zucchini-Chia-Puffer braten, bereite den Kräuterschmand vor, indem du die Kräuter im ausgespülten und getrockneten Mixtopf 7 Sekunden/ Stufe 5 zerkleinerst. Mit dem Spatel schiebst du die Reste nach unten, gibst den Schmand und Salz hinein und verrührst alles 10 Sekunden/ Stufe 2.

7. Jetzt musst du nur noch den Bacon in der Pfanne von beiden Seiten kross anbraten. Zucchini-Chia-Puffer nun mit den krossen Bacon-Streifen und jeweils einem Klecks Kräuterschmand servieren. Köstlich!

mixtipp

Schon Mayas und Azteken nutzten dieses „Superfood" ohne zu ahnen, dass diese tollen Samen 10-mal mehr Omega-3-Fettsäuren als z.B. Lachs haben.

Kohlenhydrate pro Portion (grober Richtwert):	7,5 g KH	4 Personen	40 Min.	mittel

ZUCCHINISPAGHETTI
MIT SCAMPI-TOMATENRAHMSAUCE

Zubereitungszeit: 40 Minuten
Zutaten für 4 Personen

- ca. 1200 g frische Zucchini am Stück
- 30 g Olivenöl
- 1 TL italienische Kräuter
- ½ TL Salz
- 50 g Zwiebel, in groben Stücken
- 1 Knoblauchzehe
- 400 g Dosentomaten, stückig
- 400 g Wasser
- 1 gestrichenen TL Salz
- 1 TL italienische Kräuter
- 1 TL gekörnte Brühe

Für die Sauce:

- 100 g Frischkäse
- 2 ML Bindobin
- 1 TL Erythrit oder flüssigen Süßstoff
- ½ TL Paprikapulver
- eine Prise Pfeffer
- ca. 500 g Scampi (geschält)

1. Als Erstes bereitest du die Zucchinispaghetti vor, indem du von den Zucchini die Enden knapp abschneidest und dann mit einem Julienneschneider rund herum Streifen bzw. „Spaghetti" schneidest. Die Zucchinis dabei immer weiter drehen, bis du auf den weichen inneren Teil stößt, der dafür nicht geeignet ist. Diesen dann beiseite legen. Manchmal hängen die Streifen zusammen, diese dann mit der Hand locker auseinander ziehen.

2. Mariniere die „Spaghetti" mit 20 g Olivenöl, Kräutern und Salz und vermische alles gut, jedoch vorsichtig, so dass die Streifen nicht brechen.

3. Gib die Zwiebel, Knoblauch, Tomaten, Wasser, 10 g Olivenöl, Salz, Kräuter und Brühe in den Mixtopf und vermische alles 10 Sekunden/ Stufe 8.

4. Stelle den Varoma auf den Mixtopf, gib die Zucchinistreifen hinein und gare sie 20 Minuten/ Varoma/ Stufe 2.

5. Stelle die nun fertigen Zucchinispaghetti warm, während du die Sauce zubereitest.

6. Füge Frischkäse, Bindobin, Erythrit, Paprikapulver und etwas Pfeffer in den Sud im Mixtopf dazu und vermenge die Zutaten 10 Sekunden/ Stufe 8. Lasse sie dann 3 Minuten/ 100°C/ Stufe 1 aufköcheln.

7. Als letzten Schritt gibst du die Scampi in die Tomatensauce und lässt diese 2 Minuten/ 100°C/ Linkslauf/ Stufe 1 gar ziehen – fertig sind die extrem kohlenhydratarmen „Spaghetti".

mixtipp

Aus den übrig gebliebenen Zucchini-„Innereien" bereitest du ganz einfach eine Zucchinicremesuppe für den nächsten Tag zu.

SUPPEN & SALATE

Kohlenhydrate pro Portion (grober Richtwert):	7,5 g KH	4 Personen	30 Min.	leicht

PAPRIKASUPPE
MIT HACKFLEISCH

Zubereitungszeit: 30 Minuten
Zutaten für 4 Personen

- 200 g weiße Zwiebel, in groben Stücken
- 400 g Paprika, in groben Stücken (grün, orange oder gelb bzw. am besten gemischt)
- 8 Stiele frischer Thymian
- 20 g Olivenöl
- 150 g Weißwein
- 250 g Alpro Soya Cuisine
- 500 g Wasser
- 1 EL gekörnte Brühe
- ¼ TL rosenscharfes Paprikapulver
- 1 TL edelsüßes Paprikapulver
- 1 TL Salz
- ¼ TL Pfeffer
- 400 g gemischtes Hackfleisch
- 4 EL Olivenöl
- 1 Knoblauchzehe
- 4 Stiele frischer Thymian
- ½ TL Salz
- etwas Pfeffer

1. Gib als Erstes Zwiebel, Paprika und die Blättchen vom Thymian (einfach vom Stängel abziehen) in den Mixtopf und zerkleinere alles 4 Sekunden/ Stufe 5. Schieb die Stücke mit dem Spatel nach unten. Füge Olivenöl hinzu und dünste die Gemüsemischung 6 Minuten/ Varoma/ Sanftrührstufe.

2. Fülle Wein, Alpro Soya Cuisine, Wasser, Brühe, beide Paprikapulversorten sowie Salz und Pfeffer in den Mixtopf und lasse die Mischung 20 Minuten/ 100°C/ Stufe 1 aufkochen.

3. Während die Suppe kocht, brätst du das Hackfleisch scharf an. Gib 4 EL Olivenöl in die Pfanne und wenn es heiß ist, fügst du das Hackfleisch mit der in Würfelchen geschnittenen Knoblauchzehe, dem Thymian sowie Salz und Pfeffer in die Pfanne hinzu und teilst die Masse mit einem Pfannenwender in Stückchen, bis es schön kross ist.

4. Wenn die Suppe fertig gekocht hat, püriere sie noch 10 Sekunden/ Stufe 8. Die Paprikasuppe nun im Suppenteller mit zwei Esslöffeln des krossen Hackfleisches servieren.

mixtipp
Die appetitliche Kombination aus der süß-würzigen Paprika mit krossem Hackfleisch macht diese Suppe zu einem kulinarischen Erlebnis.

Kohlenhydrate pro Portion (grober Richtwert):	5,0 g KH	4 Personen	1 h 20 Min.	leicht

PEKINGSUPPE

Zubereitungszeit: 20 Minuten
Quellzeit: 1 Stunde
Zutaten für 4 Personen

15 g Mu Err Pilze getrocknet (Chinesische Morchel)
200 g Bambussprossen
150 g grüne Paprika, in groben Stücken
50 g Frühlingszwiebel, in groben Stücken
50 g Lauch, in groben Stücken
750 g Wasser
20 g Erythrit
50 g Tomatenmark
40 g Apfelessig
10 g Sojasauce
2 TL gekörnte Brühe
½ TL Salz
3 ML Bindobin
500 g Hähnchenbrustfilets
2 Eier, Größe M
etwas Pfeffer, nach Belieben
1 EL Sojasauce

1. Gut eine Stunde bevor du zu kochen beginnst, gib die Mu Err Pilze in eine Schüssel und übergieße sie mit kochendem Wasser. Nun lass sie quellen!

2. Gib die Bambussprossen, Paprika, Frühlingszwiebel und Lauch sowie die aufgequollenen Pilze in den Mixtopf und zerkleinere alles 5 Sekunden/ Stufe 5.

3. Füge Wasser, Erythrit, Tomatenmark, Essig, Sojasauce, Brühe, Salz und Bindobin hinzu und lasse die Suppe 10 Minuten/ 100°C/ Linkslauf/ Stufe 2 aufkochen.

4. Schneide währenddessen die Hähnchenbrust in kleine, mundgerechte Stücke und verquirle die beiden Eier in einem Schälchen mit 1 EL Sojasauce.

5. Wenn die Suppe nun die 10 Minuten aufgekocht ist, gib die Hähnchenstücke hinein und koche sie weitere 5 Minuten/ 100°C/ Linkslauf/ Stufe 2.

6. Nach ca. 3 Minuten lasse den Ei-Soja-Mix langsam durch die Deckelöffnung in die Suppe träufeln. Wèikouhao – gesegnete Mahlzeit!

mixtipp

Die typische Vorspeisen-Menüsuppe im Chinarestaurant ist auch im Thermomix einfach und schnell zubereitet.

Kohlenhydrate pro Portion (grober Richtwert): 5,0 g KH | 4 Personen | 20 Min. | leicht

RÖMERSALATSUPPE
MIT FLUSSKREBSEN

Zubereitungszeit: 20 Minuten
Zutaten für 4 Personen

100 g Zwiebel, in groben Stücken
15 g Ingwer
50 g Butter + 1 EL zum Braten
500 g Römersalatherzen (ca. 4 Stück)
100 g Frischkäse
¼ TL Salz
2 TL gekörnte Brühe
1 EL Zitronensaft
750 g Wasser
200 g Flußkrebsschwänze (vorgekocht unter Schutzgas)
4 TL Schmand

Salatsuppe?! Ja, auch Salat kann man kochen. Du wirst komplett überrascht sein, wie lecker gekochter Römersalat schmeckt.

1. Gib die Zwiebel und den Ingwer in den Mixtopf und zerkleinere beides 5 Sekunden/ Stufe 5.

2. Schiebe die Reste mit dem Spatel nach unten, füge Butter hinzu und schwitze alles 2 Minuten/ Varoma/ Sanftrührstufe ohne Deckel an.

3. Befreie die Salatherzen von den äußeren Blättern, bis sie saftig und knackig aussehen und dann schneidest du sie in ca. 1 cm breite Streifen. Die harten Teile des Strunks kannst du wegwerfen. Wasche die Streifen gründlich.

4. Gib 350 g des Salates in den Mixtopf und mixe ihn 20 Sekunden/ Stufe 8.

5. Schiebe wiederum die Reste mit dem Spatel nach unten. Füge Frischkäse, Salz, Brühepulver, Zitronensaft samt dem Wasser hinzu und lasse alles 10 Minuten/ 100°C/ Stufe 2 aufkochen.

6. Schmelze einen guten TL Butter in einer Pfanne und, wenn diese zu schäumen beginnt, gibst du den übrigen Salat in die Pfanne und brätst ihn an, bis er zusammen fällt. Nimm die Pfanne von der Flamme, gib die Flußkrebsschwänze dazu und hebe sie kurz unter. Diese müssen nur erwärmt werden und nicht gekocht, da sie sonst hart werden.

7. Wenn die Salatsuppe fertig gekocht hat, gibst du ca. je 2 Kellen davon in tiefe Teller und verteilst 2 EL der Salat-Flußkrebs-Einlage und einen TL Schmand mittig in den Teller.

mixtipp
Wenn dein Supermarkt keine Flusskrebse hat, nimm Krabben, Scampis oder kross gebratenen Bacon als Einlage.

Kohlenhydrate pro Portion (grober Richtwert):	4,5 g KH	4 Personen	1 h 28 Min.	leicht

SZEGEDINER GULASCHSUPPE

Zubereitungszeit: 1 Stunde, 28 Minuten
Zutaten für 4 Personen

- 100 g Zwiebel, in groben Stücken
- 1 Knoblauchzehe
- 750 g gemischtes Gulasch
- 40 g Tomatenmark
- 20 g Olivenöl
- 500 g Sauerkraut
- 75 g Frischkäse
- 300 g Wasser
- 1 TL Paprikapulver edelsüß
- 1 TL Salz
- 2 TL gekörnte Brühe
- ½ TL Kümmel
- ¼ TL Pfeffer
- 5 Wachholderbeeren
- 4 EL Crème fraîche

1. Gib als Erstes die Zwiebel samt der Knoblauchzehe in den Mixtopf und zerkleinere beides 5 Sekunden/ Stufe 5. Schiebe die Reste vom Rand mit dem Spatel nach unten.

2. Füge das Fleisch mit Tomatenmark und dem Olivenöl in den Mixtopf hinzu und dünste alles 7 Minuten/ Varoma/ Linkslauf/ Sanftrührstufe an.

3. Jetzt gibst du die übrigen Zutaten zum Fleisch und lässt es 80 Minuten/ 100°C/ Linkslauf/ Sanftrührstufe köcheln.

4. Serviere die Suppe und gib mittig je 1 EL Crème fraîche darauf.
Jó étvágyat!

mixtipp
Gulasch mal anders!

Kohlenhydrate pro Portion (grober Richtwert):	4,0 g KH	4 Personen	27 Min.	leicht

ZUCCHINICREMESUPPE

Zubereitungszeit: 27 Minuten
Zutaten für 4 Personen

- 500 g Zucchini
- 50 g Butter
- 1 TL italienische Kräutermischung
- 500 g Wasser
- 100 g Alpro Soya Cuisine
- 2 TL gekörnte Brühe
- ¼ TL Salz
- eine Prise Muskat und Pfeffer
- 4 EL Crème fraîche

1. Schneide die Zucchini in gut 3 cm große Scheiben. Wenn es eine sehr dicke Zucchini sein sollte, diese Scheiben nochmals halbieren.

2. Gib die Zucchinischeiben samt Butter und den Kräutern in den Mixtopf und dünste sie 8 Minuten/ 100°C/ Linkslauf/ Stufe 2 an.

3. Füge Wasser, Alpro Soya Cuisine, Brühe, Salz und Muskat sowie Pfeffer hinzu und lasse die Suppe weitere 15 Minuten/ 100°C/ Linkslauf/ Stufe 2 köcheln.

4. Jetzt püriere die Suppe noch 15 Sekunden/ Stufe 10.

5. Serviere die Suppe mit 1 EL Crème fraîche in der Tellermitte. Bon appétit!

Kohlenhydrate pro Portion (grober Richtwert): 5,0 g KH | 4 Personen | 1 h 35 Min. | leicht

BLUMENKOHLSALAT

Zubereitungszeit: 35 Minuten
Ziehzeit: mindestens 1 Stunde
Zutaten für 4 Personen

- 800 g Wasser
- 2 TL gekörnte Brühe
- 1000 g Blumenkohl
- 250 g Brühe (aufgefangen)
- 50 g Rapsöl
- 50 g Zwiebel, in groben Stücken
- 3 EL Weinessig
- 2 TL Salatkräuter (getrocknet oder tiefgefroren)
- 20 g Senf
- ½ TL Salz
- ¼ TL Pfeffer
- 1 gekochtes Ei

1. Als Erstes gibst du das Wasser mit der Brühe in den Mixtopf. Zerteile den Blumenkohl in Röschen, gib die Röschen in den Varoma und verschließe ihn. Setze das Ganze auf und gare das Gemüse 25 Minuten/ Varoma/ Stufe 2. Nach der Garzeit gibst du den Blumenkohl in eine Schüssel und fängst die Brühe aus dem Mixtopf auf.

2. Fülle 250 g der Brühe (etwas abgekühlt), Öl, Zwiebel, Essig, Salatkräuter, Senf, Salz und etwas Pfeffer in den Mixtopf und mixe die Mischung 3 Sekunden/ Stufe 5.

3. Gib nun das gepellte und gekochte Ei in das Dressing und verrühre es 1 Minute/ Stufe 2.

4. Das Dressing nun über den Blumenkohl geben und am besten mindestens eine Stunde ziehen lassen.

mixtipp
Der Blumenkohlsalat passt perfekt zu Gegrilltem, Steak oder auch Fisch.

DRESSINGS, DIPS & SAUCEN

Kohlenhydrate pro 100 g (grober Richtwert):	8,0 g KH	4 Personen	5 Min.	leicht

AVOCADO-LACHS-CREME

Zubereitungszeit: 5 Minuten
Zutaten für 4 Personen

- 100 g Frühlingszwiebel, grob geschnitten
- 15 g frischen Koriander, grob geschnitten
- 200 g Räucherlachs
- 2 essreife Avocados
- 5 EL Zitronensaft
- ½ TL Salz
- 50 g Crème fraîche
- etwas Pfeffer

1. Als Erstes gibst du die Frühlingszwiebel und den Koriander in den Mixtopf und zerkleinerst beides 5 Sekunden/ Stufe 7. Schiebe die Reste mit einem Spatel nach unten.

2. Rupfe den Räucherlachs in grobe Stücke, halbiere die Avocados und entferne die Kerne. Schabe das Fruchtfleisch mit einem Esslöffel direkt aus der Schale in den Mixtopf.

3. Füge Zitronensaft, Salz, Lachs, Crème fraîche und etwas Pfeffer hinzu. Verarbeite die Mischung nun 25 Sekunden/ Linkslauf/ Stufe 2 zu einer Creme.

mixtipp

Die Avocado-Lachs-Creme kann als Aufstrich auf Eiweiß- oder Partybrot verwendet werden oder als Low Carb-Version auf kleinen Salatherzenblättern serviert werden.

Kohlenhydrate pro gesamter Zubereitung (grober Richtwert):	2,0 g KH	4 Personen	5 Min.	leicht

CAESARS DRESSING & SALAT

Zubereitungszeit: 5 Minuten
Zutaten für 4 Personen

- 50 g Parmesan
- 150 g Wasser
- 1 gekochtes Ei
- 5 Stück Sardellenfilets
- 30 g Rapsöl
- 15 g Kapern
- 15 g Senf
- 15 g Zitronensaft
- 1 EL Worchestersauce

Das weltbekannte Caesars Dressing ist schon seit den 30er Jahren das Lieblingsdressing der Hollywood-Stars und nun in ein paar Schritten in deinem Thermomix zubereitet.

1. Gib zunächst den Parmesan in den Mixtopf und zerkleinere ihn 10 Sekunden/ Stufe 8.

2. Füge nun Wasser, Ei, Sardellenfilets, Öl, Kapern, Senf, Zitronensaft und Worcestersauce dazu und mixe das Dressing 20 Sekunden/ Stufe 9.

Tipp: Das Dressing passt zu allen Salatsorten, besonders gut aber zu Römersalat, mit dem auch der Klassiker „Caesars Salad" zubereitet wird. Schneide dafür einen großen Römersalat in ca. 1 cm breite Streifen und vermenge es mit dem Dressing. Serviere den Salat mit ca. 150 g gebratener Hähnchenbrust pro Person und reibe noch etwas Parmesanhobel darüber. Fertig ist mein persönlicher Lieblingssalat!

Kohlenhydrate pro gesamter Zubereitung (grober Richtwert):	3,0 g KH	4 Personen	2 Min.	leicht

FRISCHKÄSEDRESSING

Zubereitungszeit: 2 Minuten
Zutaten für 4 Personen

- 75 g Wasser
- 75 g Frischkäse
- 10 g Zitronensaft
- 2 TL gefriergetrocknete oder tiefgefrorene Salatkräuter
- ein Spritzer flüssiger Süßstoff
- ½ TL Salz
- ¼ TL Pfeffer

Magst Du gerne Joghurt-Dressing oder auch Dressing Sylter-Art? Dann ist dieses frische und leichte Frischkäsedressing genau das richtige für dich!

1. Gib Wasser, Frischkäse, Zitronensaft, Salatkräuter, Süßstoff, Salz und Pfeffer gemeinsam in den Mixtopf und schlage die Zutaten 30 Sekunden/ Stufe 4 schaumig.

Kohlenhydrate pro 100 g (grober Richtwert):	8,0 g KH	1 großes Glas oder Flasche	27 Min.	leicht

LOW CARB KETCHUP

Zubereitungszeit: 27 Minuten
Utensilien: 1 großes Glas oder Flasche
Zutaten für 1 großes Glas oder Flasche

- 100 g Knollensellerie, in groben Stücken
- 1 Knoblauchzehe
- 400 g Dosentomaten, stückig
- 200 g Wasser
- 50 g Tomatenmark
- 50 g Erythrit
- 40 g Apfelessig
- 1½ TL Salz
- 5 g Worchestersauce
- 3 ML Bindobin
- 1 TL Currypulver

Saucen und Dips sind meiner Meinung nach bei der Low Carb-Ernährung richtig wichtig, da man durch sie jedes Stück Fleisch, Fisch und Gemüse richtig aufpeppen kann und somit jedes Essen zum neuen Geschmackserlebnis wird.

1. Füge Knollensellerie, Knoblauchzehe, Dosentomaten, Wasser, Tomatenmark, Erythrit, Essig, Salz und Worcestersauce in den Mixtopf und mixe die Zutaten 20 Sekunden/ Stufe 8, dann kochst du das Ganze 20 Minuten/ 100°C/ Stufe 2 ein.

2. Jetzt gibst du Bindobin und Curry dazu und lässt es weitere 4 Minuten/ 100°C/ Stufe 3 köcheln.

3. Zu guter Letzt pürierst du die Mischung 30 Sekunden/ Stufe 10 und füllst den Low Carb-Ketchup in eine Flasche oder ein großes Glas, lässt ihn abkühlen und stellst ihn anschließend kühl.

mixtipp

Mit diesem Ketchup lässt sich Currywurst oder auch Curry-Frikadellen optimal zubereiten. Wer es scharf mag, kann als Topping noch Jalapeños darüber geben.

WECK

Kohlenhydrate pro 100 g (grober Richtwert): 2,0 g KH | 4 Personen | 7 Min. | leicht

LOW CARB-SAUCE HOLLANDAISE

Zubereitungszeit: 7 Minuten
Zutaten für 4 Personen

- 125 g Butter, gewürfelt
- 5 Eigelb, Größe M
- 125 g Alpro Soya Cuisine
- 15 g Zitronensaft
- ½ TL Salz
- ¼ TL Pfeffer

Die Low Carb-Sauce Hollandaise ist super lecker und passt zu wirklich vielen Gerichten von Spargel, über gebratenen Fisch oder Fleisch bis hin zu Brokkoli oder Blumenkohl.

1. Butter in Würfeln, Eigelb, Alpro Soya Cuisine, Zitronensaft, Salz und Pfeffer in den Mixtopf geben und 6 Minuten/ 80°C/ Stufe 4 emulgieren.

mixtipp
Da du bei der Zubereitung nun 5 Eiweiß übrig hast, bereite doch daraus die „Schneeflöckchen" von Seite 114 zu.

Kohlenhydrate pro gesamter Zubereitung (grober Richtwert):	1-2,0 g KH	4 Personen	4 Min.	mittel

MAYO-VARIATIONEN

Zubereitungszeit: 4 Minuten
Zutaten für 4 Personen

- 1 Ei, Größe M
- 10 g Senf (mittelscharf)
- 10 g Zitronensaft
- je ¼ TL Salz und Pfeffer
- 250 g Raps- oder Sonnenblumenöl

Für die Variationen:

- 1-2 Knoblauchzehen
- 15 g Koriander
- 10 g Limettensaft
- 25 g Wasabipaste

Aus dem Mayonnaise Grundrezept lassen sich tolle und schmackhafte Versionen zaubern, die zu vielen Gerichten von den thailändischen Thunfischfrikadellen, über Fischgerichte bis hin zu Dip-Variationen zum Grillabend passen.

1. Gib zunächst das Ei, Senf, Zitronensaft, Salz und Pfeffer in den Mixtopf und stelle den Thermomix auf 3,5 ohne Zeiteinstellung.

2. Nun gießt du das Öl ganz langsam, mit eingesetztem Messbecher, auf den Deckel, so dass es nach und nach in den Mixtopf rinnt. Lasse es gute 3 Minuten „mixen" und wenn noch Öl auf dem Deckel steht, diesen nach 2,5 Minuten leicht anheben, damit der Rest hinein laufen kann. Fertig ist die „normale" Mayo.

AIOLI:

1. Gib eine Knoblauchzehe in den Mixtopf, wenn du es sehr gerne scharf und knoblauchig magst, auch zwei und mixe diese 4 Sekunden/ Stufe 7. Schiebe die Reste nun mit dem Spatel nach unten und gehe weiter vor wie bei der klassischen Mayo.

KORIANDERMAYO:

1. Gib den Koriander in den Mixtopf und zerkleinere diesen 4 Sekunden/ Stufe 8. Schiebe die Reste mit dem Spatel nach unten.

2. Bereite die Mayo jetzt wie bei der klassischen Variante zu, verwende jedoch statt Zitronensaft nun Limettensaft.

WASABIMAYO:

1. Die Zubereitung erfolgt auch hier genau wie bei der klassischen Mayo, jedoch fügst du zu den restlichen Zutaten noch 25 g Wasabipaste in den Mixtopf hinzu.

Kohlenhydrate pro gesamter Zubereitung (grober Richtwert):	8,0 g KH	4 Personen	2 Min.	leicht

THOUSAND ISLAND
DRESSING

Zubereitungszeit: 2 Minuten
Zutaten für 4 Personen

- 125 g Mayonnaise
- 125 g Alpro natur ungesüßt
- 100 g grüne Paprika, in groben Stücken
- 100 g Essiggurke, in groben Stücken
- 25 g Tomatenmark
- 1 gekochtes Ei
- 5 g Zitronensaft
- 6 Tropfen Tabasco
- je ¼ TL Salz und Pfeffer

Jeder Salat, egal ob Eisberg-, Kopf-, Römersalat oder auch in schmale Streifen geschnittener Chinakohl wird vollmundig lecker mit diesem Klassiker der nordamerikanischen Küche. Das Dressing kann auch als Dip bzw. Sauce zu Fleisch serviert werden und hält tagelang im Kühlschrank.

1. Gib Mayonnaise, Alpro natur, Paprika, Essiggurke, Tomatenmark, gekochtes Ei, Zitronensaft, Tabasco, Salz und Pfeffer in den Mixtopf und mixe alle Zutaten 10 Sekunden/ Stufe 5,5 zum Thousand Island Dressing. Enjoy your meal!

SÜSSES, KUCHEN & GEBÄCK

Kohlenhydrate pro Waffel bei 8 Stück (grober Richtwert):	1,75 g KH	4 Personen	10 Min.	leicht

LOW CARB-WAFFELN

Zubereitungszeit: 10 Minuten
Zutaten für 4 Personen

125 g Butter, in Stücken
250 g Magerquark
5 Eier, Größe M
100 g Eiweißpulver Vanillegeschmack
30 g Erytrith
Sonnenblumen- oder Rapsöl

Zum Kaffee oder auch als Nachtisch sind Low Carb-Waffeln eine super Alternative zu herkömmlichen Naschereien.

1. Gib zunächst die Butter in den Mixtopf und schmelze sie 60 Sekunden/ 60°C/ Sanftrührstufe.

2. Füge Quark, Eier, Eiweißpulver und Erythrit hinzu und rühre den Teig 60 Sekunden/ Stufe 3 glatt.

3. Heize das Waffeleisen auf und bestreiche die Backflächen mit Hilfe eines Küchenpinsels mit etwas Öl.

4. Pro Waffel gibst du ca. eine kleine Kelle (80 g) auf die Backfläche und backst sie ein paar Minuten goldbraun.

mixtipp

Wenn du Puderzucker zu den Waffeln magst, kannst du diesen aus 50 g Erythrit im Thermomix selbst zaubern. Erythrit im Mixtopf 10 Sekunden/ Stufe 10 pulverisieren.

Kohlenhydrate pro Portion (grober Richtwert bei 4 Gläsern):	4,5 g KH	4 Personen	1-2 h 5 Min.	leicht

SCHOKOPUDDING

Zubereitungszeit: 5 Minuten
Kühlzeit: 1-2 Stunden
Zutaten für 4 Personen

800 g Seidentofu (2 Packungen)
100 g Alpro Soya Cuisine
100 g Erythrit
50 g Back-Kakaopulver
1 Packung Dr. Oetker Finesse Bourbon Vanille Aroma
1 Packung Sofortgelatine

Seidentofu ist nicht zu verwechseln mit normalem Tofu, da er eine viel weichere Konsistenz hat und weniger Eigengeschmack und sich so ideal zur Zubereitung von Pudding eignet. Du kennst Seidentofu vielleicht aus der Miso-Suppe im Sushi-Restaurant. Seidentofu ist im Reformhaus erhältlich.

1. Gib Seidentofu, Alpro Soja Cuisine, Erythrit, Back-Kakaopulver, Bourbon Vanille Aroma und Sofortgelatine in den Mixtopf und verarbeite alles 60 Sekunden/ Stufe 8.

2. Fülle den Pudding in Schälchen oder Gläser und stelle ihn für 1-2 Stunden kühl, bis er fest geworden ist.

Kohlenhydrate pro Stück (grober Richtwert bei 12 Stücken):	5,0 g KH	1 Torte	6 h 5 Min.	leicht

ERDBEERQUARKTORTE

Zubereitungszeit: 5 Minuten
Kühlzeit: 6 Stunden
Utensilien: Springform, 26 cm
Zutaten für 1 Torte

250 g frische Erdbeeren
1 gehäufter EL Erythrit
1 TL Erythrit
125 g Dinkelflocken
10 g Dinkelkleie
100 g Butter
500 g Magerquark
300 g Frischkäse
1 Packung Dr. Oetker Finesse Bourbon Vanille Aroma
100 g Erythrit
3 Packungen Sofortgelatine

1. Befreie die Erdbeeren vom Strunk, halbiere sie und vermenge sie mit einem gehäuften EL Erythrit in einer Schüssel. Diese nun für ein paar Stunden in den Kühlschrank stellen, damit der Erdbeersaft gezogen wird.

2. Den Kuchenboden bereitest du aus 1 TL Erythrit, Dinkelflocken, Dinkelkleie und Butter. Röste dazu die Zutaten in einer Pfanne bei mittlerer Hitze an, bis die Butter geschmolzen ist. Verteile den Teig dann anschließend ebenfalls in einer Springform, drücke ihn fest an und stell ihn 1 Stunde im Kühlschrank kalt.

3. Gib die Erdbeeren mit Saft in den Mixtopf und püriere sie 10 Sekunden/ Stufe 5.

4. Füge Quark, Frischkäse, Bourbon Vanille Aroma, Erythrit und die Sofortgelatine in den Mixtopf hinzu und verrühre die Masse 3 Minuten/ Stufe 4.

5. Fülle die Kuchenmasse nun in die Springform auf den Teig und streiche sie mit einem Küchenspatel gleichmäßig glatt.

6. Stelle die Erdbeerquarktorte nun noch für ein paar Stunden kalt, bis sie fest geworden ist.

So frisch und fruchtig schmeckt der Sommer!

mixtipp

Um einen richtig erdbeerigen Geschmack in die Torte zu bekommen, bereitest du die Erdbeeren am besten einen Tag, zumindest ein paar Stunden vor dem „backen“ zu.

Kohlenhydrate pro Stück (grober Richtwert bei 12 Stücken): 3,0 g KH | 1 Torte | 4 h 10 Min. | leicht

FRISCHKÄSETORTE

Zubereitungszeit: 10 Minuten
Kühlzeit: 4 Stunden
Utensilien: 1 Springform, 26 cm
Zutaten für 1 Torte

Für den Boden:

- 125 g Dinkelflocken
- 10 g Dinkelkleie
- 100 g Butter
- 1 TL Erythrit

Für den Belag:

- 250 g Mascarpone
- 400 g Frischkäse
- 250 g Alpro Soya Cuisine
- 5 Tropfen Vanille-Backaroma
- 100 g Erythrit
- 2 Packungen Sofortgelatine
- 100 g Mandeln gehobelt

Mit den richtigen Low Carb-Zutaten kann man sogar Kuchen zubereiten, ohne dass er gleich auf den Hüften landet. Wie bei allem Süßkram solltest du aber auch hier nicht in Versuchung kommen, den ganzen Kuchen zu futtern. Sich 2 Stücke Sonntags zum Kaffee zu gönnen ist aber mehr als in Ordnung.

1. Röste Dinkelflocken, Kleie, Butter und Erythrit in einer kleinen Pfanne auf nicht zu großer Hitze an, dabei rührst du die Masse immer wieder um, bis sich die Butter völlig aufgelöst hat und in die Flocken gezogen ist.

2. Diese Masse verteilst du nun mit Hilfe eines Esslöffels gleichmäßig auf dem Boden einer Springform und drückst ihn an, bis der ganze Boden dünn bedeckt ist. Stelle die Springform nun kalt, bis der Boden hart wird. Im Kühlschrank dauert dies ca. 1 Stunde oder im Gefrierfach um die 15 Minuten.

3. Für den Belag gibst du Mascarpone, Frischkäse, Alpro Soya Cuisine, Vanillearoma, Erythrit und die Sofortgelatine in den Mixtopf und verrührst die Zutaten 3 Minuten/ Stufe 4.

4. Die Kuchenmasse gibst du nun in die Springform auf den Teig und streichst sie mit einem Küchenspatel gleichmäßig glatt. Am Rand, auf ca. 3 cm Breite rings herum, dekorierst du nun noch die Mandelplättchen.

5. Stelle die Torte im Kühlschrank für ein paar Stunden kalt, bis die Frischkäse-Mascarpone Mischung fest wird.

Kohlenhydrate pro 100 g (grober Richtwert): 2,5 g KH | 4 Personen | 1 h 5 Min. | mittel

MANDEL-SCHOKO-PRALINEN

Zubereitungszeit: 1 Stunde 5 Minuten
Backzeit: 20 Minuten, 150°C Ober-/Unterhitze
Utensilien: Silikon-Eiswürfel-Förmchen oder Gugelhupfförmchen
Zutaten für 4 Personen

200 g Mandeln mit Haut
100 g Erythrit
125 g Butter
125 g Palmfett (z.B. Palmin)
50 g Alpro Soya Cuisine
125 g Back-Kakaopulver
5 Tropfen Vanille-Backaroma

Normale Pralinen haben gute 80 g Zucker pro 100 g. Unsere selbst im Thermomix zubereiteten Mandel-Schoko-Pralinen hingegen nur ca. 2,5 g KH auf 100 g, was wiederum pro genaschter Portion kaum noch ins Gewicht fällt.

1. Heize zunächst deinen Ofen auf 150°C Ober-/ Unterhitze vor und gib die Mandeln auf einem Blech nebeneinander für 20 Minuten hinein, um schöne Röstaromen zu erzeugen.

2. Nun gibst du die Mandeln und Erythrit in den Mixtopf und mahlst sie 60 Sekunden/ Stufe 10.

3. Füge Butter, Palmfett, Alpro Soya Cuisine, Kakaopulver und Vanille-Backaroma dazu und vermische alles 5 Minuten/ 80°C/ Sanftrührstufe. Dann conchierst du die Mischung weitere 35 Minuten/ 80°C/ Stufe 1, um den Pralinen später einen cremigen Schmelz zu verleihen.

4. Jetzt musst du die Pralinenmasse nur noch kurz 60 Sekunden/ Stufe 4,5 aufschlagen und in Förmchen füllen, etwas abkühlen lassen und dann am besten im Kühlschrank aufbewahren.

Es gibt verschiedenste Möglichkeiten an Förmchen. Falls Du z.B. Silikon-Eiswürfel oder Mini-Guglhupfförmchen hast, geht das genauso wie Alu-Pralinen-Näpfchen oder ganz einfach Muffin-Papierförmchen. Bedecke hier den Boden nur ca. 0,5 cm und du erhältst wunderbare Pralinen-Taler.

mixtipp

Du kannst mit Backaromen spielen. Mit z.B. 5 Tropfen Orangenaroma statt Vanille bekommen die Pralinen einen frischen Touch.

Kohlenhydrate pro 100 g (grober Richtwert):	0,0 g KH	4 Personen	1 h 35 Min.	mittel

SCHNEEFLÖCKCHEN

Zubereitungszeit: 5 Minuten
Backzeit: 90 Minuten
100°C Ober-/Unterhitze
Zutaten für 4 Personen

100 g Erythrit
5 Eiweiß, Größe M
Backpapier
Backaroma z.B. Vanille, Orange oder Bittermandel oder eine Prise Zimt

Ob im Sommer mit Orangenaroma oder im Winter mit Bittermandel oder Zimt, Schneeflöckchen sind zu jeder Jahreszeit passend.

1. Setze zunächst den Schmetterling in den Mixtopf ein und heize den Backofen auf 100°C Ober-/Unterhitze vor.

2. Wiege das Erythrit im Messbecher ab und nimm es vom Deckel.

3. Gib nun die 5 Eiweiß in den Mixtopf und schlage sie 3 Minuten/ Stufe 4 steif.

4. Nach ca. 1,5 Minuten lässt du das Erythrit in die Deckelöffnung rieseln und gibst 4-5 Tropfen Backaroma dazu.

5. Lege ein Backblech mit Backpapier aus und setze mit einem Teelöffel kleine „Flöckchen" aus der Eiweißmasse auf das Blech. Die „Flöckchen" nun bei 100°C Ober-/Unterhitze ca. 90 Minuten backen. Die Schneeflöckchen sind fertig, wenn sie leicht goldbraun werden. Unbedingt abkühlen lassen, bevor du sie vom Backblech nimmst, da sie sonst leicht brechen.

Guten Appetit bei einer Nascherei mit 0 Gramm Kohlenhydraten!

Kohlenhydrate pro 100 g (je nach Beerensorte):	5-8,0 g KH	3-5 Gläser	12 h 18 Min.	mittel

BEERENKONFITÜRE

Zubereitungszeit: 18 Minuten
Auftauzeit: 12 Stunden
Utensilien: 3-5 Twist-Off-Gläser
Zutaten für 3-5 Gläser

1000 g Beerenobst
350 g Erythrit
1 Packung Dr. Oetker Gelfix 3/1
Rum

Du kannst diese Low Carb-Konfitüre mit jeder Art Beeren zubereiten. Je nach Lust und Laune oder Jahreszeit wähle Himbeeren, Erdbeeren, Blaubeeren, Brombeeren oder z.B. eine pure Waldbeermischung.
Weiterhin kannst du mit frischen Beeren oder auch mit gefrorenen Produkten arbeiten. Beides schmeckt im Ergebnis gleich lecker.

1. Wenn du gefrorene Früchte verwendest, lass diese am besten über Nacht bei Zimmertemperatur auftauen und gib sie dann in den Mixtopf. Verwendest du frisches Obst, putze dieses gut und lass es abtropfen. Spüle Himbeeren nicht mit Wasser ab. Gib das Beerenobst in den Mixtopf und zerkleinere es 1 Minute/ Stufe 7.

2. Füge 350 g Erythrit sowie Gelfix hinzu und lass es 15 Minuten/ 100°C/ Linkslauf/ Stufe 2 aufkochen.

3. Mache den Geliertest, indem du mit einem TL etwas Konfitüre auf eine Untertasse gibst. Wenn diese nach kurzer Zeit fester wird, ist die Konfitüre fertig, ansonsten lass sie noch ca. 1-2 Minuten / 100°C/ Linkslauf/ Stufe 2 köcheln.

4. Nun folgt „Muttis Tipp": Gib einen kleinen Schuss Rum in die Deckel der Marmeladengläschen und schwenke sie aus. Der Rum desinfiziert die Deckel und macht die verschlossene Konfitüre nun mehr als ein Jahr haltbar.

5. Fülle die heiße Konfitüre bis ca. 1 cm unter den Rand in die Gläser, gieße den Rum ab und verschließe sie noch heiß.

mixtipp

Obst ist je nach Jahreszeit und Sonne verschieden süß. Koste die Konfitüre während sie köchelt, ob sie dir süß genug ist. Falls nicht, gib noch ca. 50 g Erythrit dazu.

Kohlenhydrate pro 100 g (grober Richtwert):	8,0 g KH	2-3 Gläser	25 Min.	mittel

LOW CARB LEMON CURD

Zubereitungszeit: 25 Minuten
Utensilien: 2-3 Twist-Off-Gläser
Zutaten für 2-3 Gläser

- 3 Zitronen (unbehandelt)
- 300 g Erythrit
- 150 g Butter, in Stücken
- 3 Eier, Größe M
- Rum

1. Zur Vorbereitung schälst du eine der drei Zitronen mit einem Sparschäler und legst die Schale beiseite. Nun entsaftest du alle drei Zitronen.

2. Gib das Erythrit in den Mixtopf und verarbeite es 15 Sekunden/ Stufe 10 zu Staubzucker.

3. Nun gibst du die Zitronenschale in den Mixtopf und mixt beides 20 Sekunden/ Stufe 10 zu Zitronenstaubzucker.

4. Füge Butter in Stücken, Eier und 150 g des Zitronensaftes hinzu und lasse es 15 Minuten/ 100°C/ Stufe 2 eindicken – ohne Messbecher im Topfdeckel.

5. Gib einen kleinen Schuss Rum in den Twist-Deckel und schwenke ihn aus. Der Rum desinfiziert den Deckel und macht den verschlossenen Lemon Curd nun wochenlang haltbar.

6. Schlage den fertigen Low Carb Lemon Curd nun noch 20 Sekunden/ Stufe 10 auf und fülle die Creme in die gut ausgekühlten und getrockneten Gläser. Gieße den Rum aus den Deckeln ab, verschließe die Gläser und lasse den Lemon Curd abkühlen. Fertig ist der typisch englische, bitter-sauer-süße Frühstücksbrotaufstrich.

mixtipp

Die abgekühlten Gläser im Kühlschrank aufbewahren. Dann hält sich der Lemon Curd über Wochen.